W0461155

PHILOSOPHER
AU FIL
DES SAISONS

© 2025, Guy Trédaniel éditeur.

© iStock – Pobytov pour l'illustration pages 10-11, 24-25, 160-161.
© GettyImages – Pobytov pour l'illustration pages 38-39, 52-53, 66-67 ; bartol_art pour l'illustration pages 80-81, 94-95, 108-109 ; Grandfailure pour l'illustration pages 118-119, 132-133, 146-147.

ISBN : 978-2-8132-3377-6

Tous droits de reproduction, traduction ou adaptation réservés pour tous pays.

www.editions-tredaniel.com
info@guytredaniel.fr
www.facebook.com/tredaniel.reflexion
@tredaniel_reflexion

Philippe Granarolo

PHILOSOPHER AU FIL DES SAISONS

70 citations commentées
pour éclairer notre présent

Guy Trédaniel éditeur
19, rue Saint-Séverin
75005 Paris

Du même auteur

Essais

1993 *L'Individu éternel : l'expérience nietzschéenne de l'éternité*, Vrin, Bibliothèque d'histoire de la philosophie (réédition novembre 2019).

2002 *En campagne à La Garde*, Les Presses du Midi.

2004 *Pour une école du gai savoir*, écrit en collaboration avec Jean-Claude Grosse et Laurent Carle, Les Cahiers de l'Égaré.

2007 *Mourillon nostalgie*, Géhess.

2009 *Éloge de l'équilibre*, ouvrage codirigé par Jean Delorme et moi-même, avec une préface de Marcel Conche, L'Harmattan.

2009 *Dumont d'Urville : un lycée, une vie*, Géhess.

2010 *Prof de philo à la folie*, Géhess.

2011 *Études nietzschéennes*, tome 1, *Nietzsche penseur du futur*, Numilog.

2012 *Études nietzschéennes*, tome 2, *Nietzsche et le temps*, Numilog.

2012 *Nietzsche et les voies du Surhumain*, collection « Philosophie en cours », Sceren, CNDP-CRDP.

2014 *Nietzsche : cinq scénarios pour le futur*, collection « Encre marine », Les Belles Lettres, 2014 (réédition en format poche, décembre 2018).

2017 *Le Manifeste des esprits libres*, L'Harmattan.

2017 *Les Carnets méditerranéens de Friedrich Nietzsche*, Colonna.

2018 *En chemin avec Nietzsche*, L'Harmattan.

2019 *Dessine-moi un chat de Schrödinger : quand la philosophie quantique révèle l'extra-ordinaire de notre quotidien*, co-écrit avec Virginie Langlois, Parole.

2021 *Friedrich Nietzsche : Diario italiano*, traduit en langue italienne par Alessandro Leiduan et Giuseppe Lovito, Effigi.

2023 *Le Journal retrouvé de Friedrich Nietzsche*, L'Harmattan.

Roman

2023 *La Grande Extinction*, tome 1, *L'ADN du chaos*, Amazon KDP.

AVANT-PROPOS

LES CITATIONS SONT À LA MODE. Naviguer quelques instants sur la Toile suffit pour découvrir des dizaines de sites qui en proposent en plus ou moins grand nombre. Leurs limites : une approximation regrettable dans les formules rapportées, qui sont parfois fictives, et une absence quasi générale de références, ce qui empêche le lecteur de pouvoir vérifier leur exactitude.

Les citations commentées dans cet ouvrage sont toutes authentiques et toutes référencées. On trouvera en notes (sauf rares exceptions) les éditions les plus accessibles dans lesquelles il sera aisé de lire ces extraits dans leur contexte.

Mais sa seconde originalité réside dans les commentaires qui accompagnent chaque extrait présenté, tandis que les sites qui proposent des citations les reproduisent « brutes ». Ces commentaires ont entre autres objectifs celui de montrer que les philosophes n'ont pas de rivaux pour éclairer les questions de société qui nous préoccupent tous.

J'entends par « philosophes » aussi bien ceux qui sont des membres indiscutables de la communauté philosophique que des écrivains ou des essayistes qui se livrent dans leurs écrits à une approche philosophique de ces questions.

Quel sens donner en effet au mot « philosophie » ? Je me souviens d'avoir proposé à mes élèves, lors de mon tout premier cours en classe terminale dispensé au lycée d'Ajaccio il y a une cinquantaine d'années, cette définition de Paul Valéry : « J'estime philosophe tout homme, de quelque degré de culture qu'il soit, qui essaie de temps à autre de se donner une vue d'ensemble, une vision ordonnée de tout ce qu'il sait, et surtout de ce qu'il sait par expérience directe, intérieure et extérieure[1]. » Je me rends compte aujourd'hui que ces propos de Paul Valéry ont guidé l'ensemble de ma vie de philosophe.

S'opposent en effet deux grandes façons d'aborder les écrits philosophiques. La première consiste à adopter le point de vue de l'historien de la philosophie, en inscrivant l'œuvre dans le contexte qui l'a vue naître (état des connaissances, organisation politique, etc.). La seconde, que j'ai toujours valorisée, consiste à arracher le philosophe à son époque et à se demander quelle aide il peut nous apporter aujourd'hui quant à notre vision du monde, sur le plan moral, politique, existentiel, etc. Aux contenus relatifs que met à jour l'historien de la philosophie s'opposent les contenus intemporels qui font de Platon ou de Kant nos contemporains.

Aborder les philosophes en se demandant ce qu'ils peuvent nous apporter aujourd'hui quant à notre vision du monde : c'est dans cette perspective que j'ai animé durant vingt ans le Café Philo La Garde[2], ainsi que des « agoras d'été » que j'organise chaque année sur l'esplanade Gérard Philipe de ma commune. Depuis un quart de siècle, je prononce également dans l'agglomération toulonnaise, et bien au-delà de cette agglomération[3], des conférences que j'ai souvent regroupées tantôt sous le titre générique de « Philosophie et interrogations contemporaines », tantôt sous le titre « Ces grands philosophes qui éclairent notre présent ».

---

1. Cité par Frédéric Lefèvre, *Entretiens avec Paul Valéry*, Paris, Le Livre, 1926, p. 78.

2. Les séances du Café Philo La Garde peuvent être visionnées, à partir de l'année 2016-2017 sur le site de l'association « www.cafephilo.fr ». Les séances antérieures à 2016 sont disponibles sous la forme d'enregistrements audio.

3. La plupart de ces conférences ont été filmées et peuvent être visionnées sur ma chaîne YouTube.

De janvier 2022 à décembre 2023, j'ai mis en ligne tous les lundis matin de courtes vidéos (de trois minutes environ) dans lesquelles j'interprétais une formule philosophique en relation avec l'actualité. Ces séquences, intitulées « Phrases de la semaine[4] », ont rencontré un réel succès, et plusieurs abonnés de ma page Facebook m'ont invité à les publier.

L'ouvrage que vous tenez entre les mains est donc l'aboutissement d'un long parcours.

Une grande partie des textes qui ont été à l'origine de mes « Phrases de la semaine », remaniés et approfondis, est rassemblée dans ce volume. Pourquoi conserver la forme de l'almanach ? Parce qu'elle est fidèle à la démarche que je vous propose de partager : relier aux mois de l'année et aux moments associés à ces dates des citations et des commentaires que vous pourrez lire au fil des jours. Grâce aux merveilleux guides qui vont vous accompagner, vous disposerez d'une boussole pour vous orienter dans le monde indéchiffrable qui nous angoisse, et dont les contradictions sont autant d'obstacles à la sérénité à laquelle chacun aspire.

4. Toutes ces vidéos restent en ligne et on peut les visionner sur ma page « facebook.com/pgranarolo » et sur ma chaîne « youtube.com/@pgranarolo ».

Janvier

Au milieu de l'hiver,
j'apprenais enfin
qu'il y avait en moi
un été invincible[1].

ALBERT CAMUS,
L'Été, 1954

CES MOTS D'ALBERT CAMUS me reviennent chaque année en mémoire dans les premiers jours de janvier. Souvent cités de façon approximative, ces éléments m'ont toujours semblé être une synthèse de l'œuvre et de l'itinéraire du prix Nobel de littérature.

L'hiver renvoie aux écrits de l'absurde des années 1940.

L'absurde individuel avec le roman *L'Étranger* (1942) qui a rendu Camus célèbre, suivi de l'essai philosophique *Le Mythe de Sisyphe* publié la même année. Sisyphe est ce héros de la mythologie grecque condamné à rouler un rocher jusqu'en haut d'une colline, d'où la pierre redescend sur le flanc opposé, et ainsi de suite éternellement. Condition insensée s'il en est, ce qui n'empêche pas Camus de conclure *Le Mythe de Sisyphe* par cette phrase admirable : « La lutte elle-même vers les sommets suffit à remplir un cœur d'homme. Il faut imaginer Sisyphe heureux. »

Mais aussi l'absurde collectif avec le roman *La Peste* en 1947, dans lequel beaucoup ont cru voir une métaphore du totalitarisme.

Face à l'absurde et à l'hiver, l'été, le soleil de Tipaza[2]. Camus a rencontré le tragique solaire en lisant Nietzsche. Il existe deux tragiques en effet : le tragique nordique, celui du froid, de l'hiver, et un tout autre tragique que les Grecs ont inventé trois millénaires avant notre ère. Nietzsche l'a redécouvert au XIXe siècle : le tragique solaire. Le soleil nous réchauffe, grâce à lui la vie se développe, mais il est aussi un astre terrifiant qui détruit, qui brûle. Nos astrophysiciens ont compris que, dans quelques milliards d'années, notre étoile explosera, deviendra une « géante rouge » qui anéantira toutes les planètes et la Terre avec tous les vivants qu'elle abrite.

Pourtant le Soleil, astre effrayant, ne nous empêche pas de dire « oui » à la nature, « oui » à la vie. Chaque fois qu'une nouvelle année commence, nous devons formuler un vœu : celui de retrouver au fond de nous ce soleil, ce feu intérieur dont nous avons tendance à oublier la présence. Si nous nous raccordons à cet été invincible en nous, notre année tout entière en sera illuminée.

“

Soumis à Hermès, le village mondial est en paix aujourd’hui. Règne l’ordre des échanges[3].

MICHEL SERRES,
Le Gaucher boiteux, 2015

NOS CONCEPTIONS DE LA GUERRE et de la paix sont fragiles et contradictoires. Pendant plus de cinquante ans, on s'est réjoui d'être sorti de la terrifiante période guerrière de la première moitié du XXe siècle, avec ses hécatombes uniques dans l'histoire. La guerre semblait une coutume archaïque et nous partagions la certitude d'être entrés dans une période de paix dont plus rien ne nous ferait sortir.

Mais dans la dernière décennie du XXe siècle, les guerres de Yougoslavie, qui se déroulaient à quelques milliers de kilomètres à peine de la France, puis au tout début du XXIe siècle les attentats du 11 septembre 2001 à New York, nous ont convaincus qu'une nouvelle période guerrière était envisageable, ce que confirme aujourd'hui le conflit en Ukraine.

Michel Serres, qui est tout sauf un benêt, a-t-il trois siècles de retard ? Est-il le contemporain de Montesquieu qui, au XVIIIe siècle, faisait l'apologie du « doux commerce » ? Peut-on encore croire, avec Michel Serres, qu'une planète placée sous la direction d'Hermès, le dieu des échanges et de la communication, restera allergique à la guerre ?

Il est vrai, et tel est le paradoxe le plus troublant de ce début de XXIe siècle, que jamais autant de marchandises n'ont circulé d'un bout à l'autre de la planète, que jamais les Terriens n'ont échangé autant de messages, de musique, de vidéos : Internet et les réseaux sociaux semblent capables de créer un « village global », pour emprunter au premier grand spécialiste des médias, le Canadien Marshall McLuhan, une formule prononcée il y a plus de cinquante ans[4].

La prudence nous contraint à affirmer qu'à l'instant présent rien ne permet de savoir laquelle des deux tendances, celle qui nous exhorte à coopérer, à nous unir, et celle qui nous pousse à nous affronter, l'emportera. Selon moi, c'est cette ambivalence qui alimente au premier chef les angoisses de nos contemporains.

“

Ils jouent un jeu.
Ils jouent à ne pas jouer un jeu.
Si je leur montre que je le vois,
je briserai les règles
et ils me puniront.
Je dois donc jouer leur jeu,
qui consiste à ne pas voir
que je vois le jeu[5].

RONALD LAING,
Nœuds, 1970

MOLIÈRE EST VENU AU MONDE un 15 janvier. On a célébré le 15 janvier 2022 le quatre-centième anniversaire de sa naissance. En son hommage, je vous propose cette citation de l'Anglais Ronald Laing.

Nous trouvons ces phrases dans un ouvrage très original publié en 1970 qui s'intitule *Nœuds*. Ronald Laing est l'un des fondateurs de l'antipsychiatrie, ce courant important qui a dénoncé dans les années 1960 le sort scandaleux dont souffraient les malades mentaux dans les hôpitaux psychiatriques. Dans cet ouvrage, Laing met pour ainsi dire en équations les interactions qu'il a eues avec ses patients. Mais l'on peut aussi appliquer ses phrases aux rapports entre parents et enfants. Tout comme elles conviennent aux relations entre l'acteur et le spectateur.

Ronald Laing reformule d'une certaine manière le fameux paradoxe du comédien de Diderot. Au XVIIIe siècle, Denis Diderot affirme que le théâtre est fondé sur un double faire-semblant : celui du comédien qui donne l'illusion qu'il ressent des passions (la colère, l'amour, la haine), passions qu'il simule bien évidemment. Et s'il est doué, le comédien crée chez le spectateur un second faire-semblant : ce dernier fait semblant de croire qu'il ne se trouve non pas devant un comédien qui simule, mais devant un être humain qui éprouve de véritables passions.

Enfants, nous étions très doués pour ce faire-semblant : « Je serai le gendarme et tu seras le voleur. » Mais en grandissant, nous perdons peu à peu cette merveilleuse faculté. Peut-être la retrouvons-nous quand nous nous rendons au théâtre. En ce lieu magique, nous expérimentons ce faire-semblant réciproque du comédien et du spectateur, dans lequel Molière a excellé.

Laurent Terzieff affirmait que faire du théâtre, c'était « se mettre à l'écoute du monde[6] ». L'art théâtral nous offre en effet un microcosme inégalable pour éclairer le macrocosme auquel nous sommes trop souvent aveugles parce que, pour utiliser une expression un peu triviale, nous avons « le nez dans le guidon ». Le dramaturge dispose du recul, de la hauteur de vue, qui lui permettent d'offrir à ses contemporains, mais aussi aux hommes de l'avenir, la lumière indispensable sans laquelle l'essentiel nous échappe.

Le service militaire obligatoire
pour les jeunes gens
et la lecture universelle
des classiques pour les jeunes
des deux sexes caractérisent
l'époque bourgeoise classique[7].

PETER SLOTERDIJK,
Règles pour le parc humain, 1999

CHAQUE ANNÉE SONT ORGANISÉES en janvier les « Nuits de la lecture » au cours desquelles nos bibliothèques et médiathèques accueillent le public au-delà des heures habituelles d'ouverture. C'est l'occasion de rejoindre sur la question de la lecture l'excellent philosophe allemand Peter Sloterdijk.

Peter Sloterdijk, souvent mal compris, a été considéré comme un adepte du transhumanisme quand il a écrit en 1999 *Règles pour le parc humain*, alors que le livre n'était en réalité qu'une mise en perspective de la volonté de modifier de fond en comble la nature, et d'abord notre nature. De même quand il dépeint, dans la citation proposée, l'« époque bourgeoise », il passe à tort pour le pourfendeur d'une période qui a assuré la grandeur de notre civilisation.

Que veut-il dire en réalité ? Pour l'entendre, on peut partir d'une phrase essentielle de la postface de *Règles pour le parc humain*, dans laquelle le philosophe allemand dénonce la confusion, qu'il qualifie de « paranogène », entre « description » et « prescription ». De mauvais interprètes ont caricaturé quantité de philosophes, en prenant comme des attentes ou comme des espérances ce qui n'était que simple description d'un avenir probable.

La période classique reposait bien sur les deux piliers signalés par Sloterdijk : le service militaire, qui transmettait aux jeunes gens l'amour de la patrie, et la lecture des chefs-d'œuvre qui élargissaient l'horizon des jeunes des deux sexes, en les enracinant dans le « temps long » cher aux historiens. Ni dénigrement ni louange dans la description de Sloterdijk. Le philosophe veut simplement nous faire comprendre que la disparition de ces deux piliers signifie un changement de civilisation. On ne réinstaurera pas le service national, et la lecture des classiques ne fera pas son retour. Les wokistes dénoncent Homère et la littérature hellénique, Homère qui serait, comme ose le proclamer une universitaire américaine, « misogyne et raciste ». Nous vivons le temps de l'autodénigrement, celui du « sanglot de l'homme blanc[8] », époque de pure négation. Qu'est-ce qui prendra le relais de ce temps nihiliste ? Difficile de le dire, même si Sloterdijk est l'un des rares philosophes contemporains à esquisser quelques réponses.

“

L’aptitude [de l’Intelligence artificielle] à traiter des masses de données à des vitesses infiniment supérieures à nos capacités cérébrales induit *de facto* une asymétrie de compétence[9].

ÉRIC SADIN,

La Vie algorithmique : Critique de la raison numérique, 2015

UNE JOURNÉE MONDIALE est dédiée chaque 28 janvier à la protection des données. Les « data » véhiculent beaucoup d'inquiétudes : menacent-elles nos libertés, comme on l'affirme bien souvent ? N'est-ce pas plutôt la capacité extraordinaire de nos ordinateurs que nous devrions craindre, ainsi que l'exprime Éric Sadin ?

À trop se concentrer sur les contenus qui circulent dans la gigantesque toile qui s'est tissée autour de la planète, on risque de passer à côté de l'essentiel. Il est vrai que l'image de la toile d'araignée peut paraître anxiogène.

Mais ce n'est pas tant la toile (« web » en langue anglaise, d'où le « www », ou « World Wide Web ») qui doit nous préoccuper que l'araignée qui la tisse et qui la rend possible. Cette araignée s'appelle I.A. (ou A.I. en langue anglaise, terme apparu en 1955). La Toile ne peut exister que parce que nos ingénieurs ont élaboré des dispositifs aptes à échanger des informations à des vitesses infiniment supérieures aux capacités de nos cerveaux. Du kiloflop en 1950 (mille opérations par seconde), on est passé au pétaflop en 2007 (un million de milliards d'opérations par seconde), pour en arriver aujourd'hui à l'exaflop (un milliard de milliards d'opérations par seconde).

Sans doute avons-nous construit depuis des millénaires des machines qui décuplaient nos capacités humaines, des outils qui augmentaient la puissance de nos muscles, puis des moteurs remarquables (et d'abord la machine à vapeur, clé de la première révolution industrielle) : mais la différence entre l'homme et la machine restait limitée. Aujourd'hui, deux ordinateurs peuvent échanger en une seconde à peu près autant d'informations que tout ce que les hommes ont échangé depuis l'aube de l'humanité. Ray Kurzweil – dénommé le « pape du transhumanisme » – prévoit qu'en 2045, l'I.A. sera un milliard de fois plus puissante que les 8 milliards de cerveaux humains réunis.

Le philosophe Günther Anders avait prophétisé en 1956 l'apparition d'une espèce atteinte par la « honte prométhéenne », c'est-à-dire « la honte qui s'empare de l'homme devant l'humiliante qualité des choses qu'il a lui-même fabriquées[10] ». Cette prophétie est devenue réalité.

“

Une croissance du PIB chinois de 9 % représente l'équivalent, en termes de richesse nouvelle par habitant, d'une croissance de 2 % du PIB en France[11].

VALÉRIE CHAROLLES,

Philosophie de l'écran, 2013

CHAQUE ANNÉE, entre la fin janvier et la mi-février, les Chinois fêtent leur Nouvel An. J'ai choisi pour célébrer cette date chère à nos amis chinois de vous proposer une phrase de l'essayiste Valérie Charolles.

Nous trouvons cette phrase dans un livre intitulé *Philosophie de l'écran*. Comme le titre l'indique, Valérie Charolles se livre dans cet ouvrage à une très pertinente analyse de l'explosion des écrans dans nos sociétés. Nous les trouvons partout : télévisions, téléphones portables et tablettes, GPS, écrans médicaux. Nous ne voyons plus la réalité qu'à travers ces écrans qui ont changé notre rapport au monde.

Mais Valérie Charolles n'oublie pas qu'elle a reçu une solide formation d'économiste et cette phrase en atteste. Il convient de relativiser les chiffres, et peut-être d'inventer de nouveaux instruments de mesure parce que les chiffres dont nous disposons faussent notre perception de la réalité.

Comparer des PIB n'aurait de sens que si l'on avait affaire à des systèmes à peu près équivalents. Mais quand l'écart est important, comme c'est le cas entre la Chine et la France, la comparaison ne veut pas dire grand-chose. Le chiffre de 9 % d'augmentation du PIB nous fascine, mais il signifie pour les Chinois une richesse supplémentaire par habitant équivalente à celle que procurerait à nos compatriotes une croissance de 2 % en France.

Nous avons besoin de nouveaux chiffres aujourd'hui. Durant la pandémie, on nous a abreuvés de chiffres, du matin au soir : les nouveaux cas enregistrés, les entrées dans les hôpitaux, les lits ouverts dans les services. Or les chiffres s'avèrent spécieux et même souvent manipulateurs. Un exposé qui regorge de chiffres n'est pas forcément objectif, il peut être idéologique et trompeur. Merci à Valérie Charolles de nous le rappeler.

Février

“

Plus le pouvoir médiatique
est puissant, plus paraissent
faibles ceux qui en sont exclus.
La nouvelle exclusion
est médiatique ; la nouvelle
misère symbolique.
L'anonymat est comme
une excommunication[12].

JEAN-MICHEL ESPITALLIER,
De la célébrité, 2012

Cette belle remarque de Jean-Michel Espitallier, extraite de son ouvrage *De la célébrité* (2012), va nous servir de point de départ pour réfléchir à la logique du système médiatique.

On évoque fréquemment les drames provoqués par le harcèlement en milieu scolaire : s'il a sans doute toujours existé, le phénomène a pris une nouvelle forme. Au sein de ma génération, un élève harcelé retrouvait la paix et la sérénité en regagnant son domicile. À l'époque des réseaux sociaux, le harcèlement s'opère sans trêve, il s'exerce jour et nuit, et conduit parfois au suicide les malheureuses victimes qui n'ont plus droit au moindre répit.

Mais on évoque beaucoup moins souvent une autre facette, moins tragique, mais tout aussi perverse, des réseaux sociaux : le terrible anonymat de celle ou de celui qui n'existe pas sur ces réseaux, et qui, parce qu'il est absent de ce monde virtuel devenu le premier monde, est rejeté dans l'inexistence.

L'homme a toujours eu besoin du regard des autres pour se sentir exister. Mais le désir de reconnaissance se manifeste à présent à une tout autre échelle. La gloire était élitiste : ne pouvait y prétendre autrefois qu'une infime minorité d'individus privilégiés. Elle semble aujourd'hui l'objectif de tout un chacun. Un peu comme si, poussant le principe d'égalité à ses limites, nos sociétés ne réservaient plus à une élite définie par avance la possibilité de la gloire, mais la promettaient à tous ceux qui s'en donneraient les moyens.

Selon les sondages, le désir de notoriété se situait au quinzième rang des symboles d'accomplissement de soi dans les années 1970. Désormais, ce même désir figure dans les trois premiers rangs. Être ou ne pas être « liké » est devenue la question cruciale.

Un sociologue remarque que « la tyrannie du like est telle que les jeunes dorment mal, se réveillant la nuit pour comptabiliser les like ». Nos ados préfèrent être l'assistant du chanteur canadien Justin Bieber, car ils savent qu'ils seront ainsi dans sa lumière, plutôt que d'accéder à la direction de Harvard.

Redonner à notre jeunesse une échelle des valeurs qui la mette à l'abri de ces inquiétantes dérives devrait nous apparaître comme une priorité.

"

Un savoir qui détruirait la vie se détruirait aussi lui-même[13].

FRIEDRICH NIETZSCHE,
Seconde considération inactuelle :
De l'utilité et des inconvénients de l'histoire pour la vie, 1874

LA GRANDE SCIENTIFIQUE MARIE CURIE fut élue à l'Académie de médecine le 7 février 1922. À l'Académie de médecine et non pas à l'Académie des sciences, qui avait refusé à deux reprises sa candidature en 1911, malgré ses deux prix Nobel. Cette élection à l'Académie de médecine, sans vouloir dénigrer le moins du monde Marie Curie, mérite notre réflexion. Elle nous amène à méditer les relations entre la science et la vie. Quarante ans avant l'élection de Marie Curie à l'Académie de médecine, le philosophe Friedrich Nietzsche se penchait sur ces relations.

À la question « la vie a-t-elle besoin de la science ? », la réponse est « non ». La vie est apparue sur Terre il y a des milliards d'années. Pendant 99,99 % de la présence de la vie sur Terre, la science n'existait pas. La science a tout au plus vingt-cinq siècles, si on estime qu'au sens où nous l'entendons elle est née sur le sol de la Grèce antique avec la géométrie et l'astronomie.

La science, quant à elle, a bien entendu besoin de la vie. Pas de science sans vivants, et en particulier sans la présence sur cette planète d'êtres humains qui se livrent à la recherche scientifique. Si demain la vie disparaît de cette planète, la science disparaîtra aussitôt. Le même Nietzsche a ajouté qu'une hygiène de la vie devrait accompagner la science. Avons-nous été capables depuis un siècle de mettre en place une telle hygiène ?

Les découvertes de Marie Curie ont été, bien que relevant de la recherche fondamentale, à l'origine d'applications technologiques redoutables parmi lesquelles la bombe atomique, dont l'explosion à Hiroshima a marqué toute l'humanité au milieu du XXe siècle.

Nous avons besoin d'une hygiène de la vie, Nietzsche a raison : souhaitons qu'il ne soit pas trop tard pour nous en préoccuper.

“

Nous ne sommes pas les seuls à savoir compter ou mémoriser – les arbres calculent leurs années en leur bois auréolé… – ni les seuls à pouvoir coder : tout se trouve écrit en langue mathématique[14].

MICHEL SERRES,

Le Gaucher boiteux, 2015

CEUX QU'ON APPELLE LES « SPÉCISTES » contestent toute différence entre l'animal et l'humain. Adeptes de l'idéologie *woke*, ils tiennent des propos extravagants qui, sous prétexte de défendre la cause animale, méprisent tout ce que l'humanité a fait de grand. Michel Serres n'était en rien « spéciste », ce qui ne l'empêche pas d'écrire cette phrase.

Que veut dire Michel Serres ? Quelle est son intention dans ces formules ?

Le philosophe, loin d'indifférencier l'humain et l'animal, veut réinsérer l'homme dans l'immense chaîne du vivant, ce qui est tout autre chose. Notons d'ailleurs qu'il ne parle pas ici des animaux, mais des arbres. Si une espèce particulière, l'espèce humaine, est parvenue à accomplir des prodiges sur le plan mathématique, c'est parce qu'elle pousse à sa perfection une capacité disséminée dans toute la nature.

Les arbres « comptent », bien entendu, sans savoir qu'ils comptent. Mais il n'est pas abusif de considérer que nous avons bien affaire à un calcul, dans la mesure où ils inscrivent tout au long de leur existence la succession des années qu'ils accumulent. Et c'est parce qu'ils comptent de cette façon que nous autres humains sommes capables, en tant que mathématiciens conscients, d'évaluer l'âge des arbres.

Les atomes de carbone 14, isotope du carbone, « comptent » en perdant périodiquement des électrons, et c'est parce qu'ils comptent de cette manière que nous les humains, mathématiciens conscients, avons la capacité d'évaluer l'âge d'un squelette préhistorique ou d'un fossile en fonction de l'activité radiologique du carbone 14 présent.

Les étoiles « codent » en envoyant dans l'espace intersidéral des ondes dont le spectre varie avec la distance qui nous sépare d'elles : ces ondes se caractérisent par un « décalage vers le rouge » (lié à l'effet Doppler). Parce qu'elles codent de cette façon, nous pouvons mesurer leur âge et l'âge de l'univers.

Pythagore l'avait le premier entrevu : tout est nombre dans la nature, et Galilée retrouve l'intuition de Pythagore en affirmant au XVIIe siècle que « la nature est écrite en langage mathématique ». Merci à Michel Serres, ce prodigieux pédagogue, de nous l'avoir rappelé dans ses plus beaux livres.

Celui qui est passionnément amoureux devient inévitablement aveugle aux défauts de l'être aimé[15].

EMMANUEL KANT

Anthropologie du point de vue pragmatique, 1798

Le 14 FÉVRIER est le jour de la Saint-Valentin, la fête des amoureux. Pour célébrer cette belle fête, j'ai choisi une citation qui apparaîtra sans doute à contre-courant. Elle est d'Emmanuel Kant, ce grand philosophe qui dénonce à la fin du XVIIIe siècle l'aveuglement de l'homme amoureux.

Devons-nous croire Kant, jamais marié, célibataire endurci ? Peut-être, dans la mesure où il était un remarquable observateur de la nature humaine. Et bien que méfiant à l'égard de la sagesse populaire, il rejoint celle-ci quand elle affirme que « l'amour est aveugle ».

L'amour-passion se caractérise en réalité par un double aveuglement.

Un aveuglement sur les qualités de l'être aimé : c'est le fameux phénomène de cristallisation dénommé ainsi par Stendhal qui le décrit avec talent. De même que dans les grottes les concrétions finissent par produire de splendides sculptures, l'amoureux embellit les caractères de l'être aimé jusqu'à faire de lui une créature extraordinaire.

Mais aussi une deuxième cécité : un aveuglement aux défauts de l'être aimé. On est aveugle à ses imperfections, ou pire encore on les aime avec passion, même si la notion de défaut est subjective. Ce que nous appelons les insuffisances de l'être aimé, ce sont les propriétés de celui-ci que nous ne possédons pas et qui sont peut-être complémentaires des nôtres. Au fond, on devient amoureux de la différence que nous découvrons chez l'être aimé.

Quoi qu'il en soit, l'amour (je cite ici Frédéric Beigbeder) est « une magnifique catastrophe : on fonce dans un mur et on accélère ».

Que la Saint-Valentin m'autorise à souhaiter une belle accélération à chacune et chacun d'entre vous !

L'homme "barbare" ou "étranger" est "celui qui bafouille", "celui qui articule mal", et, par extension, celui qui massacre sa langue avant de massacrer les autres langues et, bientôt, leurs cultures[16].

JEAN-FRANÇOIS MATTÉI,
La Barbarie intérieure, 2004

AUCUN RESPECT POUR SA CULTURE n'est concevable sans respect pour sa langue maternelle. Pour l'illustrer, j'ai choisi cette phrase de l'excellent philosophe Jean-François Mattéi redéfinissant la « barbarie ».

Jean-François Mattéi faisait remarquer dans plusieurs de ses ouvrages que la première occurrence du mot grec qui a donné en Français le mot « barbare » n'est pas *barbaros*, l'« étranger », mais *barbarophonos*, « celui qui articule mal, celui qui bafouille ». Et Jean-François Mattéi ajoutait que celui qui maltraite sa langue finit par massacrer sa culture et la culture des autres. Ces formules nous rappellent l'importance de la langue et le respect nécessaire de notre langue maternelle.

On sait à quel point cette langue est aujourd'hui en péril, comment les enfants qui entrent en sixième éprouvent les plus grandes difficultés à lire et à écrire. Et l'on comprend que les enfants d'immigrés, dont la langue française n'est pas la langue maternelle, peinent à s'intégrer en raison de ces difficultés. On oublie trop souvent que l'un des obstacles majeurs à l'intégration tient à la maîtrise et au respect de la langue.

Si ces enfants ou ces familles d'immigrés ont des problèmes avec notre langue, n'est-ce pas aussi, n'est-ce pas peut-être surtout, parce que nous-mêmes nous respectons trop peu notre langue maternelle ? Le respect de la langue est le fondement, la pierre angulaire de l'attachement à la culture.

Merci à Jean-François Mattéi de nous avoir rappelé que le *barbaros* est d'abord « celui qui bafouille, celui qui articule mal », celui qui ne respecte pas sa langue et du même coup qui ne respecte pas sa culture.

Défendons de toutes nos forces notre langue maternelle, la belle langue française.

Il n'y a pas de grand homme pour son valet de chambre[17].

HEGEL,

La Phénoménologie de l'esprit, 1807

Le 28 FÉVRIER, on nous demande chaque année de respecter la Journée mondiale sans Facebook. Facebook et les réseaux sociaux ont aboli la frontière qui séparait le public et le privé. La sphère privée, où l'on était à l'abri des regards et des jugements, cesse peu à peu d'exister, d'où les phénomènes de harcèlement, les récits complotistes, et bien d'autres dérives.

La phrase de Hegel sur le grand homme et son valet peut nous servir de guide à ce sujet.

Que voulait dire Hegel ? Le valet voit les choses « par le petit bout de la lorgnette », attentif aux seules dimensions biologiques de son maître qui, dans la sphère privée, n'est bien entendu qu'un vivant parmi les vivants. Le valet est incapable de situer son maître dans une autre dimension : la dimension dans laquelle le « grand homme » est porteur de caractéristiques qui ne sont pas celles observées par le valet dans la sphère privée.

Mais la formule citée n'est pas complète. Hegel a écrit en réalité : « Il n'y a pas de grand homme pour son valet de chambre. Ce n'est pas parce que le grand homme n'est pas un grand homme, c'est parce que le valet n'est qu'un valet. »

Facebook offre à tous, avec notre complicité, l'aspect que percevait le valet de chambre de Hegel. Avec les réseaux sociaux, nous entrons dans un univers où la grandeur a cessé d'exister, où l'on nie toute excellence, où l'égalitarisme atteint ses limites.

Nous arracher, ne serait-ce qu'une journée, à ce monde, est la plus nécessaire des thérapies.

Ne nous contentons pas de cette journée sans Facebook : sachons nous accorder des pauses en nous détachant périodiquement des réseaux sociaux.

Mars

“

Ce sont les femmes – notre colère, notre ténacité et notre audace – qui libéreront nos pays[18].

MONA ELTAHAWY,

Foulards et Hymens, 2015

POUR LA JOURNÉE INTERNATIONALE des droits des femmes, je vous propose de réfléchir avec moi à cette phrase de la journaliste et écrivaine égyptienne Mona Eltahawy. L'émancipation des femmes est-elle un trait particulier des sociétés occidentales ? Et ferions-nous preuve de néo-impérialisme en cherchant à inciter les autres civilisations à partager cet idéal ? Ce serait oublier deux éléments irréfutables.

Le premier, et sans doute le plus important, est le fait que c'est au cœur de ces autres civilisations que des femmes se battent pour faire reconnaître leur égalité de droits avec leurs homologues masculins. Pensons à l'admirable lutte des Iraniennes et à toutes les victimes qui ont perdu la vie dans un combat qui devrait susciter davantage notre admiration. Pensons à ces femmes afghanes qui, après avoir eu accès à l'éducation et à l'université au cours d'une très brève période, sont aujourd'hui infantilisées et qu'on prive de tout ce à quoi elles devraient avoir droit. Pensons aux obligations vestimentaires qui les emprisonnent et qui supposent qu'elles sont des créatures dangereuses dont la simple vue mettrait les hommes en danger. Partout dans le monde, et honte à nous d'y prêter aussi peu attention, des femmes se battent pour l'égalité. Elles ne sont pas à la solde de l'Occident, elles ne sont pas le moins du monde des marionnettes aux mains de sombres agences occidentales. Elles sont des êtres humains qui entendent pouvoir marcher la tête haute et conduire leurs vies comme des individus adultes.

Le second élément est qu'au sein de notre civilisation, les femmes n'ont pas toujours bénéficié, tant s'en faut, de l'égalité (même insuffisante) qu'elles ont fini par obtenir. Si l'égalité entre les deux sexes était un marqueur spécifique de la civilisation occidentale, on l'aurait proclamée dès les origines de cette civilisation. Chacun sait qu'il n'en a pas été ainsi. Pendant la Révolution française, les fanatiques de la Terreur ont guillotiné en 1793 Olympe de Gouges parce qu'elle luttait en faveur de l'égalité des sexes. En France, supposée patrie des droits de l'homme, les femmes n'ont eu le droit de vote qu'en 1944, et celui de posséder un compte en banque à leur nom qu'en 1965. Et je pourrais continuer longtemps cette énumération.

Soutenons sans le moindre complexe toutes les femmes de la planète qui combattent pour l'égalité entre les sexes !

“

La femme parfaite est un type d'humanité supérieur à l'homme parfait : quelque chose de beaucoup plus rare aussi[19].

FRIEDRICH NIETZSCHE,
Humain, trop humain, 1878

POUR CONTINUER À PARTICIPER à la Journée internationale des droits des femmes, j'ai choisi cette phrase de Friedrich Nietzsche. Plutôt que de qualifier Nietzsche de misogyne, ne serait-il pas plus pertinent d'avoir recours à ses réflexions pour défendre une dualité des sexes aujourd'hui idéologiquement contestée ?

Trois remarques afin de bien saisir le sens de cette formule nietzschéenne.

La première. Nos contemporains ont la fâcheuse habitude de s'ériger en juges par rapport à leurs prédécesseurs, et prêtent aux individus qui les ont devancés les valeurs qui sont les leurs. C'est faire preuve d'un ridicule et orgueilleux anachronisme. Livrons-nous de temps à autre à l'exercice inverse : demandons-nous comment les hommes du passé considéreraient certains comportements actuels à travers le prisme de leur vision du monde.

La deuxième concerne la soi-disant misogynie de Nietzsche. Ce qu'il dénonce, c'est la « masculinisation » de la femme. Pour devenir l'égale de l'homme, la femme du XIXe siècle a commencé à vouloir effacer les traits qui la rendaient attractive et qui lui donnaient du pouvoir. Il n'est pas du tout certain qu'elle ait gagné quoi que ce soit dans cette évolution.

Troisième remarque, la plus importante. Ce que Nietzsche ne cesse de défendre, c'est la différence entre le masculin et le féminin. Croire à la dualité des sexes, est-ce une attitude phallocrate ? Si c'était le cas, on devrait qualifier de misogynes quelques-unes de nos plus admirables féministes, par exemple Luce Irigaray, auteur de l'ouvrage *J'aime à toi*[20] véritable hymne à la dualité des sexes, ou Antoinette Fouque, co-fondatrice du MLF, dont le livre *Il y a deux sexes*[21] peut servir de manifeste contre les délires des théories du genre.

Faire appel à Nietzsche pour célébrer la Journée internationale des droits des femmes n'a rien d'une provocation.

Un homme qui ne boit que de l'eau a un secret à cacher à ses semblables[22].

CHARLES BAUDELAIRE,
Du vin et du haschich, 1851

CE QUI CONTRIBUE LE PLUS au malaise et aux angoisses de nos contemporains, c'est au premier chef la succession des annonces apocalyptiques qui envahissent nos médias depuis plus de vingt ans. Ceux qu'on dénomme « collapsologues » prétendent s'appuyer sur les leçons de l'histoire pour nous promettre le sort qu'ont connu les habitants de l'île de Pâques, ceux du monde romain, ceux de quantité de nos devanciers membres de sociétés pourtant brillantes qui furent rayées de la carte en des temps très brefs. Ont-ils raison ou tort ? Ce n'est pas le propos que j'entends conduire aujourd'hui.

Je voudrais, plus modestement, vous montrer qu'on peut, et même qu'on doit, sourire des sujets les plus inquiétants. Si l'eau est indispensable à la vie des individus et des groupes, un autre liquide, depuis l'Antiquité gréco-romaine, a joué un rôle capital pour nos prédécesseurs : le vin.

Les Grecs célébraient Dionysos, le dieu du vin, du printemps et de l'amour. On fêtait Dionysos lors de grandioses rituels appelés « dionysies », au cours desquelles on se livrait aux orgies les plus déchaînées. Dionysos est devenu Bacchus à Rome, et là encore, durant les cérémonies nommées « bacchanales », tous les freins moraux qui bridaient la vie ordinaire des hommes explosaient dans de gigantesques festivités.

Charles Baudelaire aborde ce thème non sur le plan collectif, mais sur le plan individuel, les deux étant sans doute inséparables. D'autres que lui ont prononcé des phrases analogues. Chacun sait que lorsque l'individu est alcoolisé, il prononce des jugements ou se livre à des exhibitions vis-à-vis desquelles deux interprétations s'opposent. Soit l'on estime que le comportement de celui qui est saoul ne signifie rien d'autre qu'un dérèglement provisoire de sa nature et de sa morale. Soit l'on considère, et Baudelaire semble partager cette conception, que le vin est un révélateur, que sous l'emprise de l'alcool l'homme libère son inconscient et dévoile le fond de sa personnalité. Ce serait pour prévenir ce dévoilement que le buveur d'eau évite l'alcool et trahit ainsi sa peur de révéler au grand jour sa vraie nature.

Qu'est-ce donc que la vérité ?
Une multitude mouvante
de métaphores [...] qui,
après un long usage,
paraissent établies. Les vérités
sont des illusions
dont on a oublié qu'elles le sont,
des métaphores usées
qui ont perdu leur force
sensible[23].

FRIEDRICH NIETZSCHE,
Vérité et mensonge au sens extra-moral, 1873

CHAQUE ANNÉE, nous célébrons en mars le « Printemps des Poètes ». Pour participer à ce moment, j'ai choisi cette phrase de Friedrich Nietzsche.

Tout en reconnaissant le génie et la nécessité de la poésie dans notre société, que le « Printemps des Poètes » a le mérite de mettre en valeur, rappelons avec Nietzsche qu'en un sens tout homme est poète, et que l'acte poétique ne se résume pas, loin de là, à l'écriture de textes dénommés « poèmes ».

Que la poésie soit métaphore signifie étymologiquement qu'elle est « transposition » (du grec *meta-phorein*, « porter au-delà »). Or notre sensibilité est déjà métaphorique, puisque nous « inventons » les qualités que nous croyons percevoir en dehors de nous.

Voir une couleur, c'est la créer, puisqu'en dehors de nous, dans le monde que la science qualifie d'« objectif », on ne trouve que des longueurs d'onde incolores. Le physicien quantique Erwin Schrödinger a écrit à ce sujet un superbe chapitre intitulé « Le mystère des qualités sensibles » dans son livre de 1958 *Mind and Matter*[24]. Et ce qui est vrai des couleurs l'est tout autant des sons, des odeurs, des saveurs, etc.

Quant aux mots que nous utilisons pour parler du monde sensible, eux aussi sont des métaphores, des transpositions créatrices, et en aucun cas des reflets ou des copies de ce qu'ils signifient. On évoque à ce sujet « l'arbitraire du signe ».

Nietzsche a raison, toute créature vivante est poète, et l'homme l'est davantage que les autres espèces, puisqu'il a eu le génie d'ajouter à l'invention du monde sensible celle des sons qui permettent de désigner les objets de ce monde, donc en même temps de les dépasser et d'opérer sur eux d'extraordinaires variations.

Le poète au sens strict du terme, c'est-à-dire le créateur, l'artiste, est celui qui porte à son plus haut degré à la fois cette capacité du vivant et cette spécificité de l'homme : lui rendre hommage, c'est célébrer notre humanité.

“

Quand une société
ne peut pas enseigner,
c'est que cette société
ne peut pas s'enseigner ;
c'est qu'elle a honte,
c'est qu'elle a peur
de s'enseigner elle-même. [...]
Une société qui n'enseigne pas
est une société
qui ne s'aime pas[25].

CHARLES PÉGUY,
Cahiers de la Quinzaine, 1904

On célèbre au mois de mars la Journée internationale de la francophonie qui entend mettre à l'honneur notre langue et notre culture françaises. J'ai choisi à cette occasion ces quelques mots de Charles Péguy.

De très nombreux sociologues ont dépeint la crise de notre enseignement. D'éminents philosophes ont dénoncé la haine de soi qui caractériserait la civilisation occidentale, et notre société française en particulier. Mais très rares sont ceux qui ont lié difficulté à enseigner et haine de soi. Charles Péguy est l'un des rares à opérer ce lien.

Qu'est-ce en effet qu'enseigner ? Qu'on le veuille ou non, c'est établir des préférences, c'est hiérarchiser. Communiquer à nos enfants tout ce qu'a découvert, écrit, pensé l'humanité entière depuis des millénaires est une tâche impossible. Elle demanderait des siècles. Enseigner, c'est choisir, c'est parier sur la qualité de ce que l'on transmet.

Or, ce qui nous caractérise depuis près d'un demi-siècle, sous prétexte de tolérance et d'ouverture d'esprit, c'est une haine de soi sans limites. Pascal Bruckner fut l'un des premiers à fustiger le « sanglot de l'homme blanc » dans un livre de 1983 qui portait ce titre. Nous vivions pourtant les prémices de ce qui n'a cessé de s'accentuer depuis. On nous demande aujourd'hui de nous frapper la poitrine, de nous déclarer coupables, d'endosser la responsabilité de tous les maux de la planète.

Comment, dans ces conditions, pourrait-on encore transmettre quoi que ce soit ? Enseigner, quand on est membre d'une société ravagée par la haine de soi, est une mission quasi impossible.

Ce n'est pas d'une énième réforme de l'éducation dont nous avons besoin, c'est de nous réconcilier avec nous-mêmes et de rompre avec cette culpabilité maladive qu'on voudrait nous imposer : c'est à cette seule condition qu'on pourra, un jour prochain, recommencer à enseigner, c'est-à-dire, comme l'écrit Péguy, à s'enseigner. Nous y parviendrons, j'en suis certain, même si la route est encore longue.

“

Ce qui est irrationnel,
c’est le fait de la rationalisation universelle[26].

KARL LÖWITH,
Max Weber et Karl Marx, 1932

DEPUIS LA PHILOSOPHIE GRECQUE, on définit l'être humain comme l'animal doté de raison. Notre fascination pour la raison s'est accentuée avec la Modernité, et aujourd'hui nous voulons tout « rationaliser », oubliant cet avertissement du penseur allemand Karl Löwith.

Avons-nous été fidèles à la philosophie grecque lorsque, à la Renaissance, nous avons placé la « raison » au cœur de nos préoccupations, et l'avons érigée en principe absolu de nos conduites ? Je préfère laisser de côté cette question trop délicate dans le cadre de ce bref commentaire, pour braquer le projecteur sur la rationalité contemporaine.

Ce qui caractérise la Modernité, depuis l'époque de Galilée et de Descartes, c'est d'une part d'élever la raison en guide suprême de nos existences, et d'autre part d'utiliser les critères de la raison pour modifier peu à peu tous les rouages de nos institutions. Cette entreprise de rationalisation du réel s'est accentuée au XIXe siècle avec la naissance des sociétés industrielles, accélérée au début du XXe siècle avec la rationalisation du travail (taylorisme et fordisme), pour devenir obsessionnelle dans la seconde moitié du XXe siècle, quand l'Intelligence artificielle a permis d'introduire dans toutes nos activités des algorithmes auxquels nous nous soumettons chaque jour davantage.

La rationalisation a ainsi pris la forme d'une mécanisation, d'une robotisation de l'humain. Victime d'un complexe qui le pousse à se juger inférieur aux machines qu'il a construites, ce que le philosophe Günther Anders dénommait dans son ouvrage *L'Obsolescence de l'homme* la « honte prométhéenne ». L'être humain perçoit de moins en moins que sa volonté de tout rationaliser est irrationnelle et le conduit vers l'effacement de tout ce qui faisait sa grandeur.

Il est temps d'entrer en résistance contre une raison devenue folle.

Avril

“

Grâce à ces révolutions
concomitantes
de la nanotechnologie
et de la biologie, chaque élément
de notre corps deviendra ainsi
réparable, en partie
ou en totalité,
comme autant de pièces
détachées[27].

DOCTEUR LAURENT ALEXANDRE,
La Mort de la mort, 2011

LE DOCTEUR LAURENT ALEXANDRE a fait fortune avec son site d'automédication *Doctissimo*, avant de publier depuis plusieurs ouvrages à succès, dont un véritable best-seller *La Mort de la mort* en 2011, suivi de *La Guerre des intelligences* en 2017. On doit reconnaître à Laurent Alexandre un réel talent de vulgarisateur : il parvient à mettre à la portée de tous des théories fort complexes et des données qui pourraient effrayer le grand public.

Dans *La Mort de la mort*, il se déclarait étonné de l'indifférence à la révolution qui se prépare, la plus décisive de notre histoire : une révolution contenue dans les quatre lettres NBIC, soit Nanotechnologie, Biologie, Informatique et Cognitivisme. Selon lui, le recul accéléré de la mort découlera de ce que les spécialistes appellent la « grande convergence NBIC », c'est-à-dire les synergies entre ces quatre disciplines.

On trouve à la fin du livre *La Mort de la mort* ces quelques lignes qui résument l'ensemble de la démarche de l'auteur : « Le XXIe siècle sera bien celui du vertige. Nous allons en un siècle tuer la mort, créer la vie en éprouvette, organiser notre cohabitation avec l'intelligence artificielle et piloter notre cerveau. » Nous assistons au triomphe de la vision mécaniste née avec Descartes au XVIIe siècle : l'idée d'un corps-machine constitué d'éléments distincts, séparés comme les pièces d'une machine, tous réparables, améliorables, modifiables. Descartes est revenu parmi nous sous la forme du transhumanisme, cette idéologie enracinée dans la religion gnostique très présente sur les campus américains. Ses adeptes pensent que la mission de l'homme est de transformer de fond en comble une nature mal faite, d'en corriger toutes les imperfections, et d'en prendre la direction.

Idéologie des plus dangereuses, aux antipodes de toutes nos préoccupations écologiques. Une course de vitesse a commencé entre les individus raisonnables, conscients de la fragilité de la nature et de la vie, et les transhumanistes qui nous promettent l'immortalité. De l'issue de cette course dépend notre avenir.

Au-delà de l'effondrement de la politique, la santé est le nom hypercontemporain de la mort de Dieu[28].

ROBERT REDEKER,

Le Progrès ? Point final, 2015

L'OBSESSION DE LA SANTÉ caractérise nos sociétés. Pour l'analyser, je m'appuierai sur cette phrase de Robert Redeker, ce philosophe qui a subi une fatwa de la part des islamistes, et qui doit vivre depuis des années dans une semi-clandestinité.

Proposition énigmatique quand on la sort de son contexte, l'ouvrage dans lequel on peut la trouver : *Le Progrès ? Point final* (2015). De quoi est-il question ? De la mort du « progressisme ».

Le « progressisme », l'idée que tout irait de mieux en mieux dans nos sociétés, a dominé la scène intellectuelle depuis au moins trois siècles. La Shoah, la bombe d'Hiroshima, le goulag soviétique, ont été autant de coups de grâce donnés à la croyance en des « lendemains qui chantent ».

Malgré la mort du « progressisme », le Progrès continue sous la forme d'un prolongement absurde. La santé, devenue l'objet de toutes nos préoccupations, semble jouer le rôle de religion de substitution. Or la santé est dépourvue de toute finalité. La santé, soit, mais pour quoi faire ? Être bien portant, soit, mais pour mener quelle existence, pour poursuivre quels objectifs ? La santé, valeur suprême : mais peut-elle vraiment jouer ce rôle ? On peut en douter.

La pandémie du COVID nous a apporté une consternante vérification de cette frénésie : tous les gouvernements ont décidé, sans la moindre concertation avec leur population, que l'essentiel était de nous protéger d'un virus plutôt que de continuer à travailler, à produire, à nous rencontrer, à vivre ensemble. En dehors de la santé, tout devenait « non essentiel ».

Nietzsche l'avait prophétisé : arrive le temps du « dernier homme ». « On a son petit plaisir pour le jour et son petit plaisir pour la nuit, mais on vénère la santé » : ainsi parle le dernier homme, celui qui a envahi nos écrans depuis deux ans.

Ne laissons pas les derniers hommes conduire nos existences.

“

La vertu inhérente au socialisme consiste en une égale répartition de la misère[29].

WINSTON CHURCHILL,

Chambre des Communes, 22 octobre 1945

LE 9 AVRIL marque l'anniversaire de la naissance de Léon Blum (venu au monde le 9 avril 1872). Pour commémorer cette date, j'ai choisi cette formule de Winston Churchill.

Les différentes formes de socialisme ont vu le jour au XIXe siècle, c'est-dire à une époque où la situation faite aux travailleurs était de nature à indigner tout homme doté d'une élémentaire morale. Nul ne pouvait cautionner le fait qu'on réduise à l'état de bêtes de somme les ouvriers, et même les enfants, dont les conditions de travail étaient scandaleuses, et qu'une infime minorité de privilégiés exploitaient sans vergogne.

Dans ce contexte sont nés des mouvements qui se sont divisés en deux catégories : un courant humaniste qui luttait pour que change la condition ouvrière, et des idéologies qui ont supposé assez naïvement que la destruction de la classe dominante suffirait à conduire au paradis les exploités. C'est ce second courant que dénonce Churchill en parlant d'une égale répartition de la misère.

Ce socialisme révolutionnaire a abouti à octobre 1917 et à l'instauration du premier régime communiste de l'histoire. Une minorité a remplacé les anciens privilégiés en s'accordant des avantages plus exorbitants encore et en écrasant tout ce qui s'opposait à elle.

Plutôt que d'augmenter la richesse globale, les socialistes n'ont eu pour objectif que de répartir équitablement le gâteau existant : mais en partageant ce gâteau, point n'est point besoin de sortir de Polytechnique pour comprendre que la part de chacun est insignifiante. Et quand ceux à qui l'on avait promis l'abondance se révoltent, une société policière se met en place, suite logique de tous les socialismes qui ont sévi dans le monde, avec une terrifiante police telle que la Stasi, et des systèmes d'enfermement tels que les goulags.

La meilleure arme pour ouvrir les yeux des hommes sur la réalité du socialisme révolutionnaire est l'humour, cet humour que pratique Churchill ou qu'a si bien manié George Orwell dans *La Ferme des animaux*[30], dont chacun connaît au moins une phrase : « Tous étaient égaux, mais certains étaient plus égaux que d'autres. »

Croyez-moi !
Le secret pour récolter
la plus grande fécondité,
la plus grande jouissance
de l'existence, consiste à vivre
dangereusement !
Construisez vos villes
au pied du Vésuve[31] !

FRIEDRICH NIETZSCHE,
Le Gai Savoir, 1882

SOUVENT CITÉE, cette formule de Nietzsche est mal comprise. Elle tire son origine du séjour que le philosophe a effectué dans la baie de Naples, à Sorrente, durant l'hiver 1876-1877. Du balcon de la pension où il résidait en compagnie de ses amis Malwida von Meysenbug et Paul Rée, il contemplait les rougeoiements du Vésuve. Lors d'une escapade à Pompéi, il servit de guide à ses amis, et le spectacle de ces Romains dont les corps, figés dans la lave, se livraient aux jeux de l'amour quelques secondes à peine avant d'être ensevelis, troubla le philosophe et ses amis.

Deux ans après, lors d'un séjour en Sicile, il gravit les pentes de l'Etna : ce volcan prit la place du Vésuve dans son imaginaire. Quelques années plus tard encore, à l'occasion du second hiver qu'il passa à Nice, il apprit que la baie des Anges était un ancien volcan, et une comparaison se grava en son esprit entre les Napolitains installés au pied du Vésuve et les Niçois implantés à la lisière d'un volcan qui pourrait un jour se réveiller[32].

Ce que Nietzsche veut nous transmettre, c'est l'idée que nous devons vivre avec la conscience de notre fragilité. Rien ne dit que notre espèce sera encore présente dans quelques millénaires. Et cette fragilité, loin de nous terroriser, est au contraire un ingrédient de notre bonheur : apprécier l'instant, ne pas rêver à la manière de Descartes de devenir « maîtres et possesseurs de la nature », rêve délirant qui nous a conduits à saccager la planète, rêve dont nous payons très cher le prix aujourd'hui. Aimer la Terre, aimer la vie : aimer, pour reprendre le beau vers d'Alfred de Vigny, « ce que jamais on ne verra deux fois[33] ».

Nous vivons tous imprudemment dans la mesure où notre existence ne tient qu'à un fil, à l'explosion d'un volcan, à une comète qui viendrait frapper notre planète, à une pandémie qui détruirait toute vie. La différence entre les humains n'est pas liée à ce que certains flirtent plus que d'autres avec le danger. Elle a pour origine le fait que les uns connaissent et acceptent notre caractère éphémère, tandis que les autres s'efforcent de l'oublier et se « divertissent », ainsi que l'affirmait Blaise Pascal, philosophe que Nietzsche considérait comme l'un de ses ancêtres.

“

Je ne connais aucune invention trouvée par méthode[34].

MICHEL SERRES,

Le Gaucher boiteux, 2015

On célèbre tous les 21 avril la Journée mondiale de la créativité et de l'innovation. Je fais appel au regretté Michel Serres pour m'interroger sur la créativité. La question qu'il pose est celle de l'éventuelle programmation de la créativité : peut-on fabriquer des inventeurs comme on produit du blé ou des réfrigérateurs ?

On peut sans doute tenter de mettre en œuvre des politiques ou des méthodes éducatives un peu plus favorables à la créativité. Mais on atteint bien vite la limite. Penser qu'on peut décréter l'apparition du génie créateur, de celui qui va révolutionner la connaissance, est illusoire. Plutôt que de s'acharner à créer de telles méthodes, il convient de prendre modèle sur la façon dont la vie a su se renouveler, et de se plonger dans ce que Michel Serres nomme « le fleuve artiste de l'Univers et de la vie ».

Avant l'homme en effet, la vie a su être inventive. Mais comment l'a-t-elle été ? En laissant agir le hasard, en procédant par sauts aléatoires, par émergences imprévisibles. Et pour ce qui est des humains, force est de constater qu'ils ont créé les innovations les plus remarquables dans les périodes les plus troublées, les plus chaotiques de leur histoire. Le philosophe Nietzsche était un grand amoureux de l'Antiquité grecque et de la Renaissance italienne. Il n'a cessé de faire remarquer que c'est au cœur d'une civilisation hellénique en proie à d'incessants conflits que des lettrés ont conçu les mathématiques et la philosophie. Et que c'est à la Renaissance, période guerrière s'il en fut, que des artistes géniaux ont produit en Italie les œuvres les plus merveilleuses et les plus novatrices.

Michel Serres, quatre ans avant de tirer sa révérence, affirmait dans ce même ouvrage, *Le Gaucher boiteux* : « Nul ne prévoit l'invention ni ne la prépare. » Mettons-nous à l'école de sa belle humilité.

Le savant n'est pas l'homme qui fournit les vraies réponses, c'est celui qui pose les vraies questions[35].

CLAUDE LÉVI-STRAUSS,

Mythologiques, tome I, *Le Cru et le Cuit*, 1964

LE GRAND PUBLIC a souvent une perception très approximative de la réalité de la science. Claude Lévi-Strauss nous éclaire.

On a longtemps supposé que la science se distinguait des vieilles croyances parce qu'elle nous apportait la vérité. Cette conception a pu être défendue lors des premières étapes de développement de la science, du XVIIe au XIXe siècle. Mais le XXe siècle a vu se succéder d'immenses bouleversements : révolution einsteinienne, qui réfute les théories de Newton, révolution quantique, qui réfute l'ensemble des thèses classiques qui faisaient de la matière le stade élémentaire de la réalité, révolution astrophysique, qui réfute l'idée d'un univers éternel pour donner à notre monde une date de naissance, avec l'hypothèse du Big Bang. Même chose en mathématiques, avec les nouvelles géométries dites non euclidiennes, en biologie, avec la découverte de l'ADN, etc., etc.

On a donc pris conscience que la science évoluait et que des théories qu'on imaginait définitives devaient être jugées comme des approximations, voire comme des erreurs. Que la science puisse se tromper a constitué un réel traumatisme pour tous ceux qui pensaient qu'avec nos sciences nous disposions de vérités immuables.

Il a donc fallu redéfinir ce qui était scientifique. On y est parvenu soit en considérant avec Karl Popper que n'appartenaient à la science que les thèses falsifiables, celles dont des observations inédites ou de nouvelles expérimentations allaient démontrer la fausseté ; soit en mettant l'accent, comme le fait Claude Lévi-Strauss, sur les questions plutôt que sur les réponses.

Le vrai savant invente des interrogations inouïes qui modifient, quelles que soient les réponses qui suivent, notre regard sur le réel. Seuls les vrais savants créent ces interrogations révolutionnaires qui changent le monde.

Mai

Nous sommes, en un mot,
de bons Européens, les héritiers
de l'Europe, héritiers infiniment
redevables de plusieurs
millénaires d'esprit européen[36].

FRIEDRICH NIETZSCHE,
Le Gai Savoir, 1882

LE 9 MAI DE CHAQUE ANNÉE est la Journée de l'Europe. Penchons-nous sur les propos prononcés par Friedrich Nietzsche à propos de notre continent il y a près de cent cinquante ans.

Nietzsche a vécu en Européen. Il a renoncé à la nationalité allemande quand il obtint à 25 ans un poste de professeur de philologie à l'Université de Bâle. Mais il n'a pas pu obtenir la nationalité suisse, et il a dû se contenter toute sa vie d'un document provisoire accordé par les autorités suisses, document qui lui a permis de voyager à Nice et en Italie entre 1876 et 1888. Il a vécu en Européen, et s'est senti européen tout au long de sa brève existence.

Que signifie pour Nietzsche être « européen » ? Cela veut dire être un « esprit libre » (« *Freigeist* »), libéré des croyances qui ont si longtemps emprisonné les hommes dans des religions qui les ont séparés les uns des autres et qui se sont avérées des obstacles insurmontables sur le chemin qui conduit à la libre interrogation.

C'est la raison pour laquelle Nietzsche a une véritable vénération pour deux grandes périodes de l'histoire européenne : le premier moment prend place dans la Grèce antique, au sein de laquelle, pour la première fois dans l'épopée de l'humanité, des hommes sont parvenus à interroger la nature et à se créer une image du monde différente de ce que la mythologie enseignait à leurs contemporains. Le petit ouvrage *La Philosophie à l'époque tragique des Grecs*[37] est sur ce point riche d'enseignements. Le second moment est la Renaissance italienne, époque durant laquelle des artistes géniaux et des savants exceptionnels, tels que Giordano Bruno, le premier qui affirme l'infinité de l'univers, et Galilée, qui bâtit l'extraordinaire projet d'une mathématisation de la nature. Mais Platon, dans l'Antiquité, et la Réforme protestante, à la fin de la Renaissance, ont étouffé ces libérations de l'esprit dont seule l'Europe a été jusqu'à ce jour capable.

Nietzsche est convaincu que la mission sacrée de l'Europe est d'être à la pointe de cette émancipation qui peut permettre à l'humanité de s'accomplir.

“

Les faits sont sacrés,
les commentaires sont libres[38].

PHRASE ATTRIBUÉE À BEAUMARCHAIS

BEAUMARCHAIS, s'il avait été l'auteur de cette formule, aurait eu deux siècles d'avance sur son temps en opposant la sacralité des faits à la liberté des commentaires.

La guerre entre la Russie et l'Ukraine nous amène à constater qu'une des dimensions les plus troublantes du conflit est l'utilisation massive des *fake news* et des manipulations de l'information du côté russe, mais peut-être aussi, même si nous disposons de moins d'éléments pour l'affirmer, du côté ukrainien.

Sans doute les fausses informations ont-elles toujours existé. On se souvient des photographies du temps de Staline où certains hommes disparaissaient des clichés (par exemple Trotski à partir de sa disgrâce), ou des affabulations selon lesquelles ce serait la CIA, et non pas Soljenitsyne, qui aurait rédigé *L'Archipel du goulag*.

Mais l'on finissait par se rallier au jugement des experts. C'est cette expertise qui est en crise, comme le rappelle Tom Nichols, dans son essai *The Death of Expertise* (Oxford University Press, 2017), non traduit en français : « Les gens ont toujours été méfiants à l'égard des intellectuels et des experts [...] Ce qui est nouveau aujourd'hui [...] c'est qu'ils se pensent plus intelligents qu'eux, à peu près dans tous les domaines. »

Selon le baromètre Edelman sur la confiance dans les institutions, 63 % des sondés déclarent ne plus pouvoir faire la différence entre une information vérifiée et un mensonge.

George Orwell écrivait en 1942 dans ses *Réflexions sur la guerre d'Espagne* : « Dans le passé, les gens [...] croyaient qu'il existe des faits et qu'il est possible, plus ou moins, de les découvrir [...] C'est précisément cette base d'accord que le totalitarisme détruit[39]. »

Est-ce à dire que nous sommes entrés dans un monde totalitaire ?

“

La vie, c’est comme
une bicyclette, il faut avancer
pour ne pas perdre l’équilibre.

ALBERT EINSTEIN,
Lettre à son fils Eduard, 5 février 1930

PLUTÔT QUE DE CITER la célébrissime phrase d'Einstein sur ce qui résulterait de la disparition des abeilles, je préfère m'arrêter sur cette autre formule du grand physicien.

Les biologistes nous ont appris que la marche est une succession de chutes aussitôt enrayées. Marcher, c'est tomber et à chaque seconde stopper la chute qui nous entraîne vers le sol. C'est pourquoi nos lointains ancêtres ont mis si longtemps à dominer la station debout et la marche. Une très grande habileté corporelle est requise, et sans doute aussi un certain courage pour s'aventurer dans cette direction, pour oser risquer la chute et continuer à avancer.

Plutôt que d'évoquer la marche, le grand Albert Einstein préfère évoquer l'usage de la bicyclette. Faire du vélo est en quelque sorte un degré plus sophistiqué encore de la marche. Quand on marche, on peut s'arrêter de marcher et conserver la station debout. Mais lorsqu'on fait du vélo, impossible (ou en tout cas très périlleux) de cesser de progresser. Seuls les cyclistes très expérimentés parviennent à faire du « surplace ». Pour ne pas tomber, l'unique solution est de poursuivre sans jamais s'arrêter.

Et Einstein a raison de préférer la métaphore de la bicyclette à celle de la marche. La vie peut se comparer à une longue course à vélo. S'arrêter d'avancer, stopper le mouvement, c'est risquer la chute. C'est donc la logique de la vie qui nous contraint à évoluer sans cesse, à toujours retrouver un nouvel équilibre après avoir abandonné le précédent. N'est-il pas cependant nécessaire de savoir ralentir, de savoir même arrêter notre marche en avant ? On lit sous la plume de nos sociologues que nous allons trop vite, que le temps s'accélère. Face à cette accélération, des résistances apparaissent : on a vu naître depuis quelques années, des « *slow city* », des éloges de la lenteur.

Einstein s'est-il trompé ? Sans doute pas. Il n'affirme pas que nous devons courir toujours davantage, mais que l'immobilité nous serait fatale. Évoluer, remettre en question ses habitudes, savoir se renouveler constitue bien la meilleure façon de donner à nos vies une dynamique et un intérêt. N'oublions jamais que l'arrêt définitif, c'est la mort.

Il y eut un jour une planète sur laquelle des animaux intelligents inventèrent la connaissance. [...] Après quelques soupirs de la nature, la planète se congela et les animaux intelligents n'eurent plus qu'à mourir[40].

FRIEDRICH NIETZSCHE,

Vérité et mensonge au sens extra-moral, 1873

LES PUBLICATIONS DU GIEC et les discours écologistes les plus alarmants se multiplient pour prophétiser une possible disparition de l'humanité. Mais sur quoi porte notre inquiétude ? Sur la disparition de notre espèce, ou sur la destruction de la planète ? Nietzsche se montrait sans doute plus lucide quand il écrivait les mots que nous allons commenter.

Il convient de distinguer destruction de la planète et mort de l'humanité.

L'on sait aujourd'hui qu'à cinq reprises au moins la quasi-totalité des espèces a disparu : les spécialistes ont qualifié ces phases de « grandes extinctions ». Absent de la planète, l'homme n'a joué aucun rôle dans ces catastrophes, élément qui devrait peut-être nous amener à relativiser le rôle de l'humanité dans une prochaine grande extinction. Pourquoi le cycle de la vie dans lequel l'homme est apparu ferait-il exception à la règle qui a voulu que toutes les formes de vie finissent par disparaître ? Même si nous avons la sagesse (ce qui paraît de plus en plus improbable) de porter un réel coup d'arrêt au réchauffement de la planète, même si nous devenons des écologistes exemplaires, rien ne garantit que notre espèce survivra.

Nous savons que dans quelques milliards d'années, le Soleil explosera et qu'il détruira toutes les planètes de notre système, dont bien entendu la Terre. Il convient donc de substituer à la « congélation » que les savants imaginaient à l'époque de Nietzsche le feu d'une étoile en explosion.

Nous avons beau savoir que les étoiles sont mortelles, ces étoiles que l'on a prises si longtemps pour des divinités, nous refoulons ce savoir, scandalisés par notre éventuelle disparition : n'est-ce pas là le véritable orgueil dont nous devrions nous libérer ?

“

Notre individualisme
fait oublier à chaque homme
ses aïeux, mais lui cache
ses descendants et le sépare
de ses contemporains[41].

ALEXIS DE TOCQUEVILLE,
De la démocratie en Amérique, 1835

LA FÊTE DES VOISINS soulève chaque année cette même interrogation : faut-il que nos sociétés souffrent d'un individualisme exacerbé pour que nous ayons besoin d'une incitation extérieure pour communiquer avec nos proches ?

L'individualisme, si l'on entend par là le mouvement historique qui a permis au fil des siècles à nos semblables de se détacher de l'emprise du groupe et de s'affranchir de la pression que les groupes ont fait peser pendant des millénaires sur leurs membres, est une évolution positive. En ce sens, l'individu est un mutant qui a remplacé l'animal grégaire que nous avons été par une nouvelle entité pleine d'avenir.

Mais il existe aussi un mauvais individualisme, celui que dénonce au milieu du XIXe siècle Alexis de Tocqueville.

La confusion entre ces deux formes d'individualisme est la source d'innombrables confusions. Quand on dénonce l'individualisme, que dénonce-t-on en réalité ? L'heureuse émancipation des individus, ou le narcissisme naïf et quelque peu stupide qui laisse croire à chacun qu'il est le centre du monde et qu'il ne doit rien à ses semblables et aux générations qui l'ont précédé ?

L'individualisme positif, c'est celui de l'individu relié : relié à la lignée de ses ancêtres, relié à toute l'histoire de la vie, et en deçà, relié à toute l'histoire de l'univers. L'individu positif est celui que Nietzsche qualifie d'« esprit libre », ajoutant qu'il est l'« être le plus religieux qu'il y a au monde », « religieux » au sens étymologique du latin *religere*, qui signifie « relier ».

Quant à l'individu narcissique, celui que Nietzsche dénomme le « dernier homme », il est cet être étriqué, matérialiste, jouisseur, qui n'a d'autre ambition que de se procurer « son petit plaisir pour le jour et son petit plaisir pour la nuit ».

Ce sont ces individus narcissiques que la Fête des voisins a pour ambition de relier les uns aux autres : tâche tout à fait vaine, car en regroupant de tels individus, on n'obtiendra jamais qu'une horde de Narcisses.

“

Dans les temps démocratiques, toutes les autorités deviennent suspectes, sauf l'autorité de l'opinion[42].

ALAIN FINKIELKRAUT,
L'Identité malheureuse, 2013

ON ÉVOQUE TOUS LES JOURS la crise de l'autorité. Chacun perçoit que l'autorité qui a longtemps structuré les rapports au sein de la famille, de l'école, de l'entreprise, les rapports entre le médecin et son patient, entre le juge et le prévenu, entre l'élu et le citoyen, s'est peu à peu délitée. Toute autorité a-t-elle pour autant disparu de notre société ? Alain Finkielkraut en doute quand il fait cette remarque que nous allons commenter.

L'ancienne autorité s'exerçait au sein d'une société verticale, pyramidale, qui acceptait le fait qu'au sommet de la hiérarchie sociale seule une minorité d'hommes avait le pouvoir de prendre des décisions ou d'exercer un commandement que nul ne songeait à remettre en cause. Dès son origine, la démocratie, fondée sur la règle de l'égalité entre les hommes, a miné tout ce qui permettait aux anciennes hiérarchies de fonctionner. Mais plus de deux millénaires ont été nécessaires pour tirer toutes les conséquences de cette révolution. Comme toujours dans l'histoire, en vertu d'un principe d'inertie, les anciennes structures ont survécu un certain temps à ce qui les faisait tenir debout.

Pour autant, aucune société ne peut se dispenser d'autorité. Comme le note Alain Finkielkraut, une nouvelle autorité est venue se substituer aux anciennes : l'autorité de l'opinion. Nos réseaux sociaux nous apportent chaque jour des preuves éclatantes de cette puissance de l'opinion, pouvoir d'autant plus redoutable qu'il ne se présente jamais sous une forme contraignante.

Pareille mutation s'était produite à Athènes, à l'époque de la naissance de la démocratie. Platon, remarquable observateur de cette évolution, a créé le mot « philodoxie », amour de l'opinion (symétrique du mot « philosophie » dont il est aussi l'inventeur). Il met en évidence les dangers de cette philodoxie. Et Platon démontre, dans son chef-d'œuvre *La République,* que ce règne démocratique de l'opinion précède l'apparition de la tyrannie. À nous d'en tirer les leçons.

Juin

C'est en vain qu'on voudrait
assigner à la vie un but,
au sens humain du mot.
Parler d'un but est penser
à un modèle préexistant
qui n'a plus qu'à se réaliser[43].

HENRI BERGSON,
L'Évolution créatrice, 1907

LORSQU'AU XIXe SIÈCLE, Lamarck puis Darwin ont bâti les premières théories de l'évolution, des interprétations très contestables ont aussitôt vu le jour, qui continuent à se développer au XXIe siècle. Ces interprétations sont issues du refus de la notion de hasard, elles reflètent la résistance des religions monothéistes à des théories biologiques qui éliminent l'hypothèse d'une « volonté » qui présiderait à la naissance et à l'évolution du vivant. Certains évoquent une « évolution orientée ».

Parce que Bergson a construit sa philosophie plusieurs décennies avant l'identification de l'ADN et la somme incroyable de découvertes qu'elle a permises en donnant naissance aux différents domaines de la génétique, on a trop longtemps méprisé sa philosophie.

Bergson a réussi à conjuguer hasard et finalité bien avant ces découvertes, et suivant d'autres modalités que celles-ci. Il use d'une belle métaphore pour expliciter sa conception de l'évolution de la vie. Il la compare à un feu d'artifice. Quand on regarde ce magnifique spectacle qu'est un spectacle pyrotechnique, on ne voit pas (ou on ne voit qu'avec difficulté) les fusées qui montent vers le ciel. Ce qu'on aperçoit, ce sont les formes qu'elles offrent au regard en retombant vers le sol. La vie est semblable à ce feu d'artifice, écrit Bergson. Une énergie invisible, qu'il a souvent qualifiée d'« élan vital », est la source de toutes les espèces qui sont comme les tableaux qui se dessinent dans le ciel. On ne voit que l'effet de cette énergie, jamais cette énergie elle-même. Et parce qu'elle est pur dynamisme, pure créativité, cette énergie est « sans but ». Bergson délivre la vie de tout projet, comme le feront les généticiens de la seconde moitié du XXe siècle. Mais parce qu'il supprime les buts avec d'autres arguments que ceux des théoriciens de la génétique, on a négligé et même méprisé sa philosophie.

Bergson ne considère pas que la matière inanimée précède la vie, mais que la vie « retombe » en matière inanimée. La vie est première. Une co-nécessité unit dans la durée l'élan créateur et les formes fixes en lesquelles il « cristallise », tel un feu d'artifice dont nous percevons les formes colorées qui retombent en direction du sol, tandis que la fusée qui en est l'origine continue son ascension. Une ascension qui ne cherche pas à atteindre un objectif, mais qui jouit de sa propre puissance et de ce dont elle permet la naissance.

Notre généalogie remonte jusqu'au Big Bang – et avant. Et tout cela est en nous, comprimé, résumé, inconscient[44].

ALEXANDRE KALDA,
Le Dieu de Dieu, 1989

À L'OCCASION DE LA JOURNÉE MONDIALE de l'environnement célébrée chaque 5 juin, je souhaite mettre en évidence le nouveau modèle qui nous relie, grâce aux découvertes de la physique, de l'astrophysique, et de la biologie, à l'ensemble de l'univers.

Je m'appuierai sur cette jolie formule d'un auteur trop peu connu, Alexandre Kalda, qui nous a livré en 1989, avec son ouvrage *Le Dieu de Dieu*, l'une des plus profondes réflexions de ces dernières décennies sur notre place dans l'univers.

Les sciences contemporaines nous ont permis de comprendre que nous ne descendons pas seulement de la longue chaîne de nos ancêtres, mais de toutes les lignées d'êtres vivants qui se sont succédé depuis l'apparition de la vie sur notre planète. Et l'astrophysique nous a révélé à son tour que les atomes de notre corps ont été engendrés au cœur des étoiles, et que les réactions nucléaires au cœur de ces étoiles ont participé à la construction des atomes qui nous constituent. Nous sommes bien des « poussières d'étoiles[45] », suivant la belle formule d'Hubert Reeves.

Deux conséquences majeures en découlent. La première nous révèle que nous partageons tous la même généalogie, argument majeur contre tous les racismes et les suprémacismes. La seconde établit de façon définitive notre lien avec tout le passé de l'univers, présent en nous, condensé, comprimé, ou encore « implié » suivant le mot du physicien quantique David Bohm[46].

Comprendre de façon intellectuelle notre généalogie ne suffit pas, il faut apprendre à la ressentir au fond de nous. C'est là la clé de nos prochaines évolutions.

L'esprit de Munich domine le XXe siècle. C'est une maladie de la volonté chez ceux pour qui le bien-être matériel est devenu le but principal de leur vie sur terre[47].

ALEXANDRE SOLJENITSYNE,

« Discours du prix Nobel », 1972

LE BIEN-ÊTRE EST DEVENU l'une des préoccupations de nos contemporains, raison pour laquelle il est urgent de nous remettre en mémoire cet avertissement lancé par Alexandre Soljenitsyne en 1972 dans son « Discours du prix Nobel » (aussi dénommé « Discours de Stockholm »).

Au XIXe siècle déjà, Friedrich Nietzsche avait perçu dans l'hédonisme exacerbé qu'il remarquait autour de lui l'un des symptômes du nihilisme dont il avait le premier détecté l'essor et l'inexorable développement.

Sans doute on ne jugera pas scandaleux de viser les modes de vie les moins désagréables qui soient. À deux conditions toutefois.

La première est de ne jamais négliger que nous sommes mortels et que, suivant l'indiscutable affirmation d'Arthur Schopenhauer, « la vie est un combat contre la mort avec la certitude d'être vaincu ». C'est la mort, il convient de ne jamais l'oublier, qui triomphera toujours.

La seconde, comme le rappelle Soljenitsyne, est de ne pas faire du bien-être la valeur suprême. Chaque fois que les hommes sont prêts à tout lui sacrifier, le déclin s'accélère. Quand une génération hédoniste n'a plus rien à opposer que sa soif du confort à des hordes prêtes à mourir au combat, elle est proche de l'anéantissement, et ce sont toujours les hordes sauvages qui triomphent.

On doit savoir, quand la barbarie menace, sacrifier son confort pour lutter de toutes ses forces contre la régression qui aura le dernier mot si nous nous couchons devant les assaillants. L'obsession du bien-être est l'indice d'une maladie de la volonté qui oublie que la civilisation est fragile et que seule la force peut vaincre la force.

La bonne musique ne se trompe pas, et va droit au fond de l'âme chercher le chagrin qui nous dévore[48].

STENDHAL,
Lettres sur Haydn, 1814

CHAQUE ANNÉE LA FÊTE DE LA MUSIQUE résonne avec le début de l'été. Pour la célébrer, j'ai choisi cette phrase de Stendhal.

J'aimerais confronter deux conceptions de la musique, celle de Nietzsche qui soutenait que « sans la musique la vie serait une erreur », et celle de Stendhal. Tous les deux se rejoignent pour affirmer que la musique ne ment pas, ne se trompe pas et ne nous trompe pas. Mais qu'entendre par là ? La « vérité » de la musique tient au fait qu'elle n'est pas un art de la représentation. C'est ce qu'Arthur Schopenhauer, le premier maître de Nietzsche, avait compris mieux que tous ses confrères philosophes. Pour Schopenhauer, il n'existe que deux types d'art : d'un côté, les arts de la représentation, qui nous donnent quelque chose à voir, et de l'autre la musique, seul art qui ne produit rien de visible. Or, la représentation est toujours, d'une manière ou d'une autre, tromperie, falsification, déformation. Parce qu'elle s'adresse sans médiation à notre intériorité, la musique est vraie et elle exprime la réalité la plus profonde.

Mais Nietzsche se sépare de Stendhal et de sa conception romantique. L'erreur du romantisme est d'avoir privilégié la douleur, la noirceur, le malheur. Sans doute la musique est-elle sans équivalent en tant qu'expression de la souffrance ineffaçable de l'être humain, souffrance liée à sa conscience du temps qui emporte tout, à sa conscience de la mort. Mais existe au fond de nous un autre sentiment majeur, tout aussi indéracinable : la joie, la puissance d'adhésion à la réalité, y compris dans ce qu'elle a de plus terrible.

C'est sans doute parce qu'il était musicien et remarquable pianiste que Nietzsche a compris mieux que tous ses prédécesseurs ce qu'éprouvaient les Grecs quand ils entendaient sur la scène théâtrale le chant du chœur tragique : le sentiment de la puissance infinie de la vie et la joie profonde qu'il déclenchait en eux. Cette joie, cette plénitude, que la musique va chercher « au fond de l'âme », cette joie tragique qui fait face au drame de l'existence en prononçant le « grand oui » chanté par Zarathoustra.

“

Connais-toi toi-même : maxime
aussi pernicieuse que laide.
[...] La chenille qui chercherait
à “bien se connaître”
ne deviendrait jamais papillon[49].

ANDRÉ GIDE,

Les Nouvelles Nourritures, 1935

ON A VU PARFOIS dans le « Connais-toi toi-même » attribué à Socrate l'indice de la naissance de la philosophie. Quelle leçon en tirer ? Vénérer Socrate ? Ou rejoindre André Gide quand il nous alerte sur les dangers de cet adage ?

Gide ne conteste pas, ce qui n'aurait guère de sens, que l'accès à la conscience de soi a marqué un saut décisif dans l'histoire de notre espèce. La Genèse, dans l'Ancien Testament, conserve comme une empreinte de ce moment avec l'allégorie d'Adam et Ève goûtant au fruit de l'*arbre de la connaissance* que Dieu leur avait interdit de toucher. Parce qu'il a pu devenir son propre spectateur, l'être humain a conquis des capacités qui lui ont permis de dépasser les autres espèces. Mais devons-nous pour autant être aveugles à tous les périls que cet accès à la conscience a engendrés ?

Pour bien comprendre le message d'André Gide, je me référerai à une formule du philosophe français du XIXe siècle Auguste Comte : « On ne peut pas se mettre à la fenêtre et se regarder passer dans la rue. » Ce qu'affirment Auguste Compte et André Gide, c'est que la conscience ne peut pas être première, et encore moins absolue : avant de se regarder agir, il faut agir, avant de s'interroger soi-même, il faut avoir construit quelque chose qui mérite d'être interrogé.

Qu'aurait à connaître un être humain qui se regarderait sans jamais laisser sa spontanéité s'exprimer ? Une telle conscience serait non seulement vide, elle serait paralysante, comme le suggère André Gide. Les psychologues le savent bien, qui voient défiler dans leur cabinet de malheureux adolescents obsédés par l'image que les autres peuvent découvrir.

Pour filer la métaphore gidienne, je conclurai en vous invitant à ne pas tuer le papillon qui réside en vous.

“

L'existence urbaine,
exclusivement humaine
et politique, handicape
à tel point que la majorité
de nos contemporains rapetisse
de manière infantile[50].

MICHEL SERRES,

Le Gaucher boiteux, 2015

AVANT DE COMMENTER LE JUGEMENT NÉGATIF de Michel Serres sur l'existence urbaine, il convient de noter l'augmentation exponentielle de la population citadine sur la planète. Selon l'ONU, en 2050, près de 75 % des quelque 10 milliards d'habitants attendus sur terre résideront en ville. C'est une évolution plus spectaculaire encore que celle de la disparition de la paysannerie dans les pays développés au cours du XXe siècle qui a eu, comme chacun sait, des conséquences considérables sur nos sociétés. C'est une ville planétaire qui se profile. Le même Michel Serres avait décrit dans l'un de ses ouvrages l'étonnement qui était le sien lorsque, voyageant en avion pour prononcer des conférences, il avait remarqué qu'une traînée lumineuse ininterrompue parcourait toute l'Europe, traînée qui émanait de la gigantesque conurbation qu'est devenu notre continent, les limites de chaque mégalopole jouxtant les frontières de la mégalopole voisine[51].

Qu'est-ce que l'être humain perd avec une pareille mutation ?

En premier lieu, son contact avec la nature. L'enfant des villes, avant que l'école ne lui transmette le savoir qui va l'éclairer, doit imaginer que les pommes de terre et les carottes poussent dans les grandes surfaces. On se souvient de l'anecdote qui circulait il y a bon nombre d'années : on demandait à des écoliers quelle était la forme des poissons, et ils répondaient « rectangulaires » parce qu'ils n'avaient observé les exemplaires de cette espèce que sous la forme de poissons panés surgelés.

En second lieu, une grave perturbation de l'échelle perceptive. En ville, la pollution lumineuse a pour conséquence qu'on ne voit presque jamais le ciel étoilé. C'est en plongeant dans ce ciel immense que les hommes d'autrefois mesuraient leur petitesse et acquéraient une juste évaluation de la « goutte de vie » (expression du philosophe Nietzsche) ridicule dans l'univers infini. Seule cette échelle peut nous rendre modestes et nous interdire de croire que l'on va devenir, suivant la monstrueuse formule de Descartes, « maîtres et possesseurs de la nature ».

Il est donc à craindre qu'une humanité définitivement urbaine perde tous ses repères et multiplie les agressions contre une planète dont elle n'aura plus les moyens de percevoir la beauté en même temps que la fragilité.

Juillet

C'est la fièvre de la jeunesse
qui maintient le monde
à la température normale.
Quand la jeunesse refroidit,
le reste du monde claque
des dents[52].

GEORGES BERNANOS,

Les Grands Cimetières sous la lune, 1938

On adula ou l'on méprisa tour à tour la jeunesse au fil des siècles. Les sociétés ont toujours eu le plus grand mal à évaluer de façon équilibrée ce moment essentiel de l'existence. Georges Bernanos y est peut-être parvenu en écrivant les mots que nous allons commenter.

Dans les communautés archaïques, le vieillard était l'homme qui possédait les connaissances indispensables à la survie du groupe. Il pouvait menacer de les emporter dans sa tombe. L'invention de l'écriture a changé la donne : le savoir ne dépendait plus du bon vouloir des individus qui le détenaient, des textes accessibles à tous en assuraient la sauvegarde.

Un second facteur a bouleversé les rapports entre les générations : l'accélération de l'histoire. Avec elle, il n'était plus question de transmettre un savoir ancestral, mais d'être en mesure d'intégrer les révolutions techniques qui se multipliaient. Au fil des générations, le vieillard perdait son statut pour se retrouver dans la position de l'homme inadapté aux transformations du monde. C'est au XIXe siècle, grand siècle de l'explosion scientifique et technique, qu'un véritable culte de la jeunesse est apparu, dont le romantisme a été l'une des principales manifestations.

Où en sommes-nous aujourd'hui ? Ce culte de la jeunesse a pris des proportions démesurées : on parle en ce sens de « jeunisme ». La façon dont les ados se comportent, s'habillent, écoutent de la musique devient la norme, et les plus âgés singent souvent les plus jeunes sans crainte du ridicule. Faut-il alors revenir à une attitude méprisante à l'égard des plus jeunes ? Bernanos ne le pense pas et sa sagesse nous éclaire.

Il insiste sur l'idée que chaque génération a un rôle à jouer, et que ces rôles distincts ne sont pas interchangeables, comme on voudrait le croire aujourd'hui. Aux plus jeunes l'enthousiasme, le rêve, la volonté de créer un monde différent. Aux plus âgés de ne pas mépriser leur passion, mais à la tempérer en la filtrant au tamis de la réalité. Seul ce mélange des aptitudes peut assurer au monde un équilibre, nommé « température normale » par Bernanos.

“

Tous ces particuliers qui se font payer, ceux que ces gens-là appellent sophistes, n'enseignent pas d'autres doctrines que celles-là mêmes qu'adopte la population lorsqu'elle se réunit en assemblée[53].

PLATON,

La République, livre VI, entre 387 et 370 av. J.-C.

CETTE FORMULE SE SITUE au livre VI de *La République,* dans un passage d'une étonnante actualité qui pose la question de savoir, du démagogue et du peuple, lequel est le dompteur, lequel est le dompté. Platon a créé plusieurs termes, dont celui de « démagogie », mot trompeur, comme nous allons le démontrer.

L'étymologie semble indiquer que le démagogue est l'homme qui mène la danse, puisque l'origine du mot (le verbe grec *gogein*) nous apprend qu'il « conduit » le peuple là où il a envie de le mener. Le démagogue est le manipulateur, le peuple est le manipulé. Pauvres peuples qui, tout au long de l'histoire, se sont laissé manœuvrer par des démagogues rusés qui les ont bernés afin de les conduire sur des chemins qu'ils n'auraient sans eux jamais empruntés.

Mais creusons la métaphore du dompteur. Pour apprivoiser un animal (et Platon ne cesse de comparer la foule à un « gros animal »), le dompteur doit connaître ses habitudes, ses pulsions, ses instincts. Le dresseur ne peut parvenir à ses fins que s'il s'adapte aux désirs de l'animal, sans quoi il échoue dans son entreprise : dans cette affaire, qui est le dompteur, qui est le dompté ? Platon suggère une réponse qui restera marginale, même si elle sera reprise par quelques grands successeurs du philosophe grec. Parmi eux, Étienne de La Boétie, le brillant auteur de la *Servitude volontaire*[54], qui juge invraisemblable qu'un seul homme puisse en dominer des millions, et qui résume ainsi sa thèse : « C'est le peuple qui s'assujettit et se coupe la gorge. » Parmi eux, l'historien Goldhagen, auteur des *Bourreaux volontaires de Hitler*[55], qui rejette l'hypothèse selon laquelle le peuple allemand serait devenu raciste et antisémite sous l'impulsion du démagogue surdoué Adolf Hitler.

La Boétie et Goldhagen sont de lointains disciples de Platon : pas plus que lui, ils ne croient à l'existence d'un dompteur qui manipulerait le peuple innocent. Le démagogue ne « conduit » pas les masses : il a le génie de détecter mieux que d'autres les désirs du peuple, son inconscient, et de caresser le peuple dans le sens du poil.

Hypothèse à l'évidence plus dérangeante que celle de la manipulation.

Nous sentons
et nous savons par expérience
que nous sommes éternels[56].

SPINOZA,
Éthique, 1677

« *SENTIMUS EXPERIMURQUE NOS AETERNOS ESSE* » : c'est en latin que Spinoza propose cette sentence dans son *Éthique*, ouvrage dans lequel il aspire à nous conduire à la « béatitude ».

Pour comprendre ce qu'écrit Spinoza, il convient de toujours partir de sa formule « *Deus sive Natura* », « Dieu, c'est-à-dire la nature ». Si Dieu, comme l'ont répété tous les théologiens, est infini, il ne peut avoir créé le monde en dehors de lui. Dieu n'a pas de « dehors », il n'a pas de « limites », sinon il serait fini et non pas infini. Dieu est la nature infinie, la nature infinie est Dieu. Du même coup, nous sommes des parcelles de cette infinité. Ce dont on peut déduire deux conséquences tout à fait contradictoires. La première consisterait à mettre l'accent sur notre insignifiance. Nous ne sommes rien dans cette immensité, et l'on rejoindrait l'angoisse de Blaise Pascal : « Le silence éternel de ces espaces infinis m'effraie[57]. » Mais on peut tout aussi bien en déduire une conséquence opposée : si la nature est infinie, elle est parfaite. Et l'incommensurable chaîne causale qui s'est déployée depuis la nuit des temps ne pouvait être autre que ce qu'elle a été. Je suis sans doute une poussière, mais une poussière qui ne pouvait qu'apparaître. Pour que je ne vienne pas au monde, une chaîne causale différente, d'autres événements, une autre réalité, auraient dû prendre la place de ce qui s'est déroulé. N'est-ce pas ce qu'affirment nos astrophysiciens quand ils écrivent que nous sommes des « poussières d'étoiles » ?

Mais si la nature ou Dieu se déploie dans l'étendue, elle se déploie aussi dans la pensée : étendue et pensée sont pour Spinoza des « attributs », autrement dit des aspects de la réalité, des perspectives sur l'unique réalité. Je suis donc un élément de la pensée de Dieu ou une parcelle de la nature. Or, Dieu étant éternel, la pensée de moi en Dieu se révèle étrangère au temps et à la succession des événements. J'existe dans la pensée éternelle de Dieu, et en ce sens, moi poussière infinitésimale, je suis nécessaire au sein de l'infini et éternel comme l'est l'infini lui-même.

Et cette éternité, je peux la « ressentir » et même l'« expérimenter » : tel est le programme que nous propose le créateur de cette admirable doctrine qui serait, selon Bergson, la « seconde philosophie » de tous les philosophes[58].

Quelle courte vue que d'aspirer à l'abolition de la civilisation ! Ce qui resterait alors serait l'état de nature et celui-ci est de beaucoup plus difficile à supporter[59].

SIGMUND FREUD,
L'Avenir d'une illusion, 1927

DANS DEUX ÉCRITS MAJEURS, *L'Avenir d'une illusion* (1927) et *Le Malaise dans la culture* (1930), Sigmund Freud interroge avec brio l'avenir de la civilisation. Sans doute le contexte tragique de l'époque, chômage de masse, montée du racisme et de l'antisémitisme, progression irrésistible du nazisme, influence-t-il son jugement. Mais ses réflexions ne se limitent pas à ces événements. Alors que la plupart des philosophes avaient adopté l'optimisme de la philosophie des Lumières et qu'ils étaient convaincus que la barbarie était derrière nous, Freud et quelques rares hommes lucides ont lancé un cri d'alarme.

Rien n'est jamais acquis. Et Freud met à profit ses découvertes psychologiques pour étayer son argumentation. Un enfant qui vient au monde n'hérite en rien des progrès culturels et moraux des générations antérieures. Nous naissons tous à l'état de nature, à l'état sauvage. Chaque nuit, nos rêves témoignent de la bestialité qui reste tapie au fond de nous.

Cette part immuable engendre chez tout homme une résistance farouche à l'état de société. Entrer en société, c'est accepter de renoncer à la satisfaction de la majorité de nos pulsions. L'enfant ne se socialise qu'en fonction d'un « deal » : « Je veux bien renoncer à satisfaire mes désirs agressifs et sauvages à condition que la société me procure d'importantes compensations, à condition qu'elle m'accorde l'amour et la sécurité dont j'ai besoin. » Si en grandissant l'enfant, devenu adolescent puis adulte, découvre qu'il a signé un marché de dupes, il déchire le contrat et choisit de ne plus s'imposer toutes les inhibitions auxquelles le contraint l'état social.

Mais « quelle courte vue ! », écrit Sigmund Freud avec bon sens. Nous aspirons tous à un monde où l'on pourrait satisfaire tous nos désirs, y compris et peut-être surtout les plus inavouables. Mais nous oublions un détail : dans cet état de nature, tous les hommes seraient prêts eux aussi à satisfaire leurs désirs sauvages à notre détriment. Thomas Hobbes, que Freud admire, l'avait lui aussi compris : un tel état de nature serait en réalité un véritable enfer où l'on craindrait sans cesse pour notre intégrité et notre survie.

Revenir à l'état de nature serait le pire des choix, et seuls les hommes à la vue courte peuvent en rêver.

“

C'est dans le vide de la pensée que s'inscrit le mal[60].

HANNAH ARENDT,

Les Origines du totalitarisme, tome 3, *Le Système totalitaire*, 1951

L'INTERROGATION SUR LE MAL est aussi vieille que l'humanité. Les grandes religions ont chacune apporté leur solution à cette énigme majeure en bâtissant des récits mythologiques plus ou moins convaincants. Puis les philosophies ont pris le relais, d'abord sous la forme des brillants théologiens qui ont accompagné les débuts du christianisme, puis sous la conduite de penseurs qui se sont émancipés de la religion pour rechercher dans la nature humaine une réponse à l'énigme du mal.

Pour un grand nombre de philosophes, la nature n'est ni bonne ni mauvaise. Les animaux vivent en deçà du bien et du mal. C'est avec notre espèce que le mal est apparu sur notre planète. Même si les arguments des philosophes ont été divers, ils se rejoignent dans l'idée que le mal ne peut exister sans la conscience. Sur ce plan, le récit mythologique de la Genèse dans l'Ancien Testament semble indépassable : c'est parce que l'homme a goûté au fruit défendu, qui est non pas le fruit du pommier, mais le fruit de l'« arbre de la connaissance du bien et du mal », que l'homme a perdu son innocence et s'est retrouvé en dehors du paradis terrestre. Pour que le mal apparaisse, il est nécessaire qu'existe un être qui possède en lui la représentation du permis et du défendu, un être en qui la loi morale a été gravée. Agir mal, c'est agir en transgressant cette loi, ce qui est le propre d'un individu libre qui d'une part connaît la norme, et qui d'autre part a la capacité de lui désobéir. Que l'une des deux conditions disparaisse, et la notion de mal s'évanouit.

Mais l'excellente philosophe Hannah Arendt franchit un pas supplémentaire dans son argumentation. Elle appelle « pensée » ce que j'ai qualifié jusqu'à présent de « conscience », et situe le mal dans le « vide » de cette pensée. Que veut-elle dire ? Elle signale une inquiétante propriété de la conscience ou de la pensée qu'on pourrait dénommer « suspension ». Les jeunes émeutiers qui saccagent nos banlieues ne sont pas plus « innocents » qu'ils ne sont animaux. Comme chacun d'entre nous, ils possèdent une conscience morale, ils sont à l'instar de tous les humains aptes à la pensée, capables d'imaginer les conséquences de leurs actes. Mais parce qu'ils sont comme tous leurs congénères des sujets libres, ils peuvent faire taire en eux la voix de la conscience, ils peuvent suspendre en eux le fonctionnement de la pensée. Et c'est dans cette suspension, dans ce « vide », que s'engouffre le mal qu'aucune civilisation ne parviendra jamais à éliminer.

Le nombre des petits rancuniers et surtout de leurs petits actes de vengeance est énorme ; l'air tout entier vibre du sifflement de leurs flèches, si bien que le soleil et le ciel de la vie en sont obscurcis[61].

FRIEDRICH NIETZSCHE,
Aurore, 1881

QU'EST-CE QUI GÂCHE le plus nos existences ? Si l'on pose cette question, l'on s'attend à ce que notre interlocuteur réponde « les guerres », « la violence » « la maladie », « la pollution », « le chômage », etc.

De façon *a priori* étonnante, Friedrich Nietzsche rétorque que ce sont « les petits rancuniers ». Qu'entend-il par là ?

Nietzsche a placé au centre de ses réflexions philosophiques la notion de « ressentiment ». Le ressentiment, ou la vengeance, a pour symbole l'araignée, la tarentule, qui apparaît dans son livre majeur *Ainsi parlait Zarathoustra*. L'homme est un animal haineux, envieux, qui ne cesse d'effectuer des comparaisons : il confronte ce qui s'est passé à ce qui aurait pu advenir, ce qu'il est à ce qu'il pourrait être, sa condition à celle des autres individus. Et ces comparaisons sont à la fois absurdes et destructrices.

Absurdes, parce que nous sommes tous différents, avec chacun nos qualités, nos talents, qui ne sont en rien superposables. Absurdes, parce que se donner un modèle auquel nous pourrions ressembler contredit notre nature. Absurdes, parce qu'imaginer une réalité autre que celle qui existe est un pur fantasme : nous sommes le produit du temps qui nous a engendrés, d'une histoire qui a été dans chacun de ses moments ce qu'elle a été.

Et ces comparaisons sont destructrices parce qu'elles suscitent de l'envie, de la haine. Au lieu de souhaiter être nous-mêmes, de développer ce dont la nature nous a gratifiés, on veut ressembler aux autres, on s'indigne de ne pas être à la place de ceux qui nous semblent avoir réussi leur existence, on réagit au lieu d'agir.

Nietzsche a raison : c'est la somme de ces petites rancunes, de ces petites haines, qui gâchent nos existences, bien plus que les grands drames de l'histoire, heureusement fort rares. Ne laissons pas nos ressentiments masquer le ciel et noircir le soleil.

Août

Un Corse tient pour immoral de mendier, non de vivre en bandit : les meurtres de la vendetta sont même moraux. L'orgueil ! comme critère[62].

FRIEDRICH NIETZSCHE,
Fragments posthumes, printemps 1880

CHAQUE ÉTÉ, DES CENTAINES DE MILLIERS DE TOURISTES séjournent en Corse. En 1880, Nietzsche écrivait ces mots dans ses cahiers, occasion pour nous de nous arrêter sur les rapports que le philosophe a entretenus avec l'île de Napoléon.

Nietzsche a rêvé à trois reprises d'aller en Corse : la première fois alors qu'il passait l'hiver à Nice en 1882. Il vient de rédiger l'un de ses plus beaux livres, *Le Gai Savoir*, dans lequel il rend un vibrant hommage à Napoléon, pour lui le « dernier homme de la Renaissance ». Et quand on sait l'admiration inconditionnelle de Nietzsche à l'égard de la Renaissance, on mesure le poids de cette expression.

La deuxième fois en 1885 : une lettre à son secrétaire Peter Gast, écrite depuis le canton suisse des Grisons où il passe ses étés, encourage son ami musicien à composer un opéra sur le thème de la vendetta qu'il se propose d'aller étudier de près en se rendant sur l'île de beauté. Il a découvert ce thème en lisant les contes de Prosper Mérimée, et en particulier *Colomba*.

Et la troisième fois en février 1888 : dans une lettre adressée au même Peter Gast, il projette de s'installer pour plusieurs années en Corse, à Corte. Pourquoi Corte ? Parce que c'est le lieu où Napoléon a été conçu, chose plus importante pour le philosophe que sa naissance à Ajaccio, et ville dans laquelle, en 1794, ses compatriotes élevèrent Pasquale Paoli, que Nietzsche qualifie d'« homme le plus accompli du XVIIIe siècle », au rang de « *Babbu di a Patria* » (« Père de la Patrie »).

Dans cette dernière lettre, il évoque la fierté corse. Je le cite : « Nous trouverions notre compte à la grande modestie des coutumes corses, à la simplicité des mœurs. Et comme on y serait loin de la "modernité" ! Peut-être l'âme s'épure-t-elle et se fortifie-t-elle là-bas, devient-elle plus fière [...] Vous et moi ne sommes pas assez fiers. »

S'il revenait parmi nous, Nietzsche maintiendrait-il ce jugement sur la résistance de la Corse à la Modernité ? Ce n'est hélas pas certain. Mais si ce projet de séjour avait abouti, la Corse aurait-elle accordé au philosophe comme un second souffle qui lui aurait permis d'achever son œuvre ? Je n'ai jamais cessé de me poser cette question.

Je ne vois pas pourquoi la France serait le seul pays au monde à ne pas avoir droit à une identité[63].

JACQUES JULLIARD,

Le Figaro, 5 juin 2015

LA FRANCE A VÉCU AU DÉBUT DES ANNÉES 2020 une très étrange période. Alors que la question de l'identité était au centre des préoccupations, et que la candidature d'Éric Zemmour à l'élection présidentielle avait suscité un réel engouement pendant plusieurs mois, son échec électoral, suivi de la montée en puissance de Jean-Luc Mélenchon et de la NUPES, a pu donner l'impression que ce problème de l'identité n'intéressait plus personne.

Pas question pour moi de me lancer dans une quelconque analyse politicienne. Je voudrais simplement vous proposer quelques réflexions que j'espère de bon sens sur cette délicate question.

Et j'aimerais, pour ouvrir le débat, prendre appui sur la formule d'un homme de gauche respecté autant que respectable : Jacques Julliard, qui écrivait ces mots dans *Le Figaro* du 5 juin 2015.

L'intérêt de cette affirmation est de nous rendre sensibles à un étonnant paradoxe : alors que jamais les revendications identitaires des groupes humains n'ont été aussi manifestes, la volonté des anciens peuples tel le peuple français à préserver ses spécificités est dénoncée comme scandaleuse, et parfois même comme « fasciste ». Tous auraient droit à être reconnus, respectés dans leurs différences, **à l'exception** des peuples coupables d'avoir été colonisateurs. C'est là la thèse centrale du wokisme, auquel j'ai consacré une conférence que vous pouvez visionner sur ma chaîne YouTube.

L'un de nos plus grands intellectuels, l'anthropologue Claude Lévi-Strauss, a été l'objet d'une adulation universelle tant qu'il a défendu l'identité des Indiens d'Amazonie, avant de devenir un intellectuel honni dans les médias lorsqu'il a eu l'audace d'écrire que les peuples européens, et bien entendu le peuple français, avaient le même droit à l'identité. Une remarque de Lévi-Strauss me semble résonner avec la phrase de Julliard dont je suis parti : « Que des cultures attachées chacune à un style de vie, à un système de valeurs, veillent sur leurs particularismes, cette disposition est saine, nullement – comme on voudrait nous le faire croire – pathologique[64]. »

La vieillesse ne devient médiocre que lorsqu'elle prend des airs de jeunesse[65].

HERMANN HESSE,

Éloge de la vieillesse, 1955-1962

EN CES HEURES OÙ SÉVIT CE QU'ON DÉNOMME le « jeunisme », cette fascination pour les plus jeunes qui conduit de nombreux adultes à les singer, j'aimerais commenter cette formule du grand écrivain Hermann Hesse.

Le refus du vieillissement prend de multiples visages : appel à la chirurgie esthétique pour effacer les marques du temps, efforts démesurés, mais vains, pour se donner des allures jeunes en s'habillant comme les ados, simulacres qui consistent à faire semblant de se passionner pour les musiques et les loisirs qu'ils affectionnent.

Comme l'avait relevé le sociologue américain Christopher Lasch dans son essai *The Culture of Narcissisme*[66] en 1979 (traduction française : *Le Complexe de Narcisse*, 1980), ce jeunisme est en réalité une maladie qui révèle une grave anxiété : la peur de la mort, la hantise du temps qui s'écoule, et sur un plan plus général, la haine à l'égard du temps que Nietzsche avait diagnostiquée dès la fin du XIXe siècle.

Cette haine a d'abord engendré durant des millénaires les arrière-mondes intemporels des religions, avant d'être à l'origine des idéologies promettant des « lendemains qui chantent ». Avec le recul des religions et l'effondrement des idéologies, elle ne peut plus à présent opposer à l'angoissante fuite du temps que les pauvres substituts d'un hédonisme creux.

Cet hédonisme qui ne serait en réalité, selon Christopher Lasch, avec son culte du corps, sa rupture apparemment joyeuse avec le religieux, qu'un symptôme très négatif qui dénoterait une crise profonde de civilisation.

Je laisse bien entendu chacun interpréter à sa guise l'affirmation d'Hermann Hesse et les thèses de Christopher Lasch, tout en vous avouant qu'en ce qui me concerne ni l'une ni les autres ne me semblent réfutables.

“

Appris à l'école de guerre de la vie : ce qui ne me tue pas me fortifie[67].

FRIEDRICH NIETZSCHE,
Crépuscule des idoles, 1888

SE CRÉER UNE EXISTENCE la plus confortable possible est devenu notre unique préoccupation. Mais n'est-ce pas en un sens un objectif malsain ? Affronter ce qui s'oppose à nous, lutter contre des adversaires, n'est-ce pas là la véritable santé, comme le suggère Friedrich Nietzsche dans cette formule ?

Nietzsche, je l'ai rappelé plus haut, a rêvé à trois reprises au moins de se rendre en Corse. Si ce projet s'était concrétisé, il aurait peut-être eu connaissance d'un proverbe corse étonnamment proche de la phrase que je me propose de commenter : *Ciò ch'ùn tomba ingrassa* (« Ce qui ne vous tue pas vous fait grossir »).

Loin de moi l'idée de me livrer à une apologie de la guerre, de louer la violence. Il est heureux que nous ayons appris au fil des millénaires à intérioriser notre agressivité, à la « sublimer » pour reprendre le jargon freudien. Néanmoins, cette évolution présente un risque certain si elle n'est pas maîtrisée : celui de nous affaiblir, de nous faire perdre de vue que la vie est un combat. Imaginons un instant que dans nos organismes nos anticorps deviennent non violents, s'apitoient devant les microbes au lieu de se précipiter sur eux et de les détruire : nous serions incapables de survivre ! Le plus déterminé des pacifistes ne peut militer que parce que dans son corps une lutte à mort, une lutte permanente et implacable, a lieu chaque seconde entre de minuscules, mais dangereux envahisseurs, et les anticorps qui défendent son immunité.

Célébrer sans réserve la non-violence en oubliant qu'une forme de guerre est la condition de la vie serait contradictoire. Nietzsche complète dans *Le Gai Savoir* la formule citée par cet autre aphorisme : « Vivre – cela veut dire : rejeter sans cesse loin de soi quelque chose qui tend à mourir. Vivre – cela veut dire : être cruel et inexorable pour tout ce qui en nous est faible et vieilli, et pas seulement en nous[68]. » Ayons ces formules présentes à l'esprit si nous voulons éviter la religion suicidaire du bien-être.

Septembre

"

Nous instaurons avec l'enfant, à l'école comme en famille, des relations qui se développent de plus en plus sur des bases d'égalité[69].

ALAIN RENAUT,
La Fin de l'autorité, 2004

CETTE PHRASE CONVIENT À CETTE PÉRIODE DE RENTRÉE SCOLAIRE. Elle est extraite du livre d'Alain Renaut, *La Fin de l'autorité*, l'un des rares ouvrages qui expose, sans démagogie, les enjeux de la crise de l'autorité que chacun remarque sans toujours en tirer les conséquences. Deux camps se dégagent : le camp « traditionaliste » qui appelle à un retour des vieilles pratiques de domination, et le camp « progressiste » qui se réjouit de la disparition de toutes les anciennes formes de contrainte.

On trouve beaucoup de naïveté dans les deux camps. Du côté des traditionalistes, une absence de prise en compte de l'anéantissement de tout ce sur quoi reposaient les anciennes structures autoritaires. Si ces structures se sont effondrées, comment l'autorité qu'elles rendaient possible pourrait-elle survivre ? Et du côté des « progressistes », un aveuglement aux conditions minimales qui nous permettent de faire société.

Alain Renaut insiste avec pertinence sur le lien indestructible qui existe entre autorité et hiérarchie. Quelle que soit la forme qu'elle a pu prendre dans les sociétés qui nous ont précédés, l'autorité distinguait celui qui était en mesure de donner des ordres et celui à qui sa position imposait la soumission. Si l'autorité est en crise, et peut-être même si l'autorité apparaît comme une forme défunte de rapport social, c'est parce que nous avons franchi toutes les limites qui freinaient le développement de l'égalité. Jean-Jacques Rousseau fut l'un des premiers à le noter : dans son ouvrage *Émile ou De l'éducation*[70], il refuse l'idée selon laquelle l'adulte serait en droit de donner des ordres à un enfant qui est son égal. Entre Rousseau et nous, nos sociétés, malgré quelques brefs retours en arrière, n'ont cessé de s'installer toujours davantage dans un schéma égalitaire qui conçoit comme illégitimes toutes les hiérarchies.

Comment, dans ces conditions, une société farouchement égalitaire peut-elle ne pas sombrer dans l'anarchie ? Comment peut-on, sans retomber dans une vision hiérarchique contraire à la notion d'égalité, maintenir la possibilité pour des individus d'être des « donneurs d'ordre » ? Alain Renaut imagine un recours systématique au dialogue, au débat raisonné entre celui qui donne un ordre et celui qui le reçoit : mais ne sommes-nous pas là en pleine utopie ?

Reconnaissons avec modestie que nul n'a encore trouvé de solution à ce problème dont dépend l'avenir de la civilisation.

“

Écoles : établissements
où l’on apprend
à des enfants ce qu’il leur est
indispensable pour devenir
des professeurs[71].

SACHA GUITRY,
Toutes réflexions faites, 1947

CHACUN SAIT QUE NOTRE ÉCOLE EST EN CRISE, et l'on est tous consternés quand on lit les classements qui positionnent l'enseignement français dans les tout derniers rangs des pays européens. Multiples sont les explications données à la médiocrité de notre système scolaire, qui fit pendant plus d'un siècle l'admiration du monde entier. Je n'ai pas la prétention d'apporter une réponse définitive à cette énigme dans les quelques lignes de cet ouvrage. Mais je vais m'appuyer sur Sacha Guitry pour proposer une piste de réflexion.

Toutes les enquêtes démontrent que les enfants d'enseignants connaissent un taux de réussite scolaire très supérieur à la moyenne. Ce taux de réussite n'est-il pas l'envers d'une médaille dont l'endroit serait la médiocrité de nos positions dans les classements européens ?

Notre école s'est enfermée peu à peu dans un cercle vicieux dont elle a le plus grand mal à sortir. Elle enseigne à nos enfants, comme l'affirme Sacha Guitry, ce qu'ils doivent connaître pour devenir eux-mêmes des professeurs. Beaucoup trop théorique, notre système est organisé par les enseignants pour les enseignants et pour leurs enfants. Rien d'étonnant alors que les enfants d'enseignants y sont aussi performants ! Et comment attendre des enseignants qu'ils modifient une pédagogie qui réussit si bien à leur progéniture ?

On dénonce souvent le corporatisme dont font preuve les enseignants. Mais le premier des corporatismes n'est-il pas celui qui fait des enseignants des citoyens dont les enfants sont les premiers gagnants d'un système construit pour eux ?

Rompre avec ce système qui n'est pas sans rappeler la société de privilèges de l'Ancien Régime, replacer l'enfant de la civilisation électronique au cœur de l'école, exploiter les capacités d'initiative qu'il sait si bien mettre en œuvre quand il se trouve devant les écrans, inventer des pédagogies adaptées à cette génération que le regretté Michel Serres a qualifiée de « petite Poucette » est un impératif absolu : en prendre conscience est une urgence.

L'essentiel dans l'éducation,
ce n'est pas
la doctrine enseignée,
c'est l'éveil[72].

ERNEST RENAN,
Souvenirs d'enfance et de jeunesse, 1883

DEPUIS QUELQUES ANNÉES, la question de l'éducation est au centre de nos préoccupations. Pour prendre un peu de hauteur sur cette question à propos de laquelle tant de stupidités sont énoncées, je vous propose de partir de cette belle formule d'Ernest Renan.

Parce que les contenus transmis sont variables dans l'espace et dans le temps, trop réduire l'éducation à leur transmission ouvre la porte à un dangereux relativisme. Quelle valeur accorder à une éducation qui a remplacé les anciens contenus par des éléments inévaluables au moins à court terme ?

La transmission de ce que l'on appelait « les humanités », à savoir la culture gréco-latine, s'est réduite d'année en année comme peau de chagrin. Peut-on pour autant dénier toute valeur à l'entreprise éducative d'aujourd'hui ? Ce serait à la fois injuste et imprudent. N'y avait-il pas, dans l'ancienne éducation, des éléments très critiquables ? Je pense en particulier à la récitation des déclinaisons latines, aux « *rosa, rosa, rosam* » dont s'est moqué Jacques Brel dans une superbe chanson. Je pense aussi à des contenus propres à l'Occident qui enfermaient l'enfant dans ce qu'on appelle l'« européocentrisme ».

Mais si la valeur de l'éducation repose d'abord dans l'éveil, ne peut-on considérer que nos enseignants disposent aujourd'hui de la possibilité d'éveiller les jeunes âmes qui leur sont confiées, en leur donnant par exemple la capacité d'utiliser de façon intelligente les prodigieuses ressources d'Internet ?

Éduquer, c'est avant tout avoir la passion d'arracher l'enfant au cercle des préjugés que son entourage lui a transmis. Éduquer, c'est former un « esprit libre », pour emprunter à Nietzsche une expression qui lui est chère.

Tâche éminente qui exige sans conteste une vocation : c'est peut-être là que le bât blesse aujourd'hui.

“

Les démocraties sont par nature démunies face à la barbarie. Elles pensaient l'histoire finie. Voilà ce qu'était l'utopie européenne et le 11 septembre n'y a rien changé[73].

PASCAL BRUCKNER,

Le Figaro, 23 mars 2016

Il y a un peu plus de vingt ans, nous vivions le drame du 11 septembre. Occasion pour nous de réfléchir sur la notion souvent galvaudée de démocratie, en prenant appui sur cette formule du philosophe Pascal Bruckner.

Il rappelle dans quelle illusion nous nous trouvions avant le 11 septembre 2001 : l'illusion de la fin de l'histoire vantée par Francis Fukuyama dans un ouvrage qui fut un best-seller mondial en 1992[74]. Avec la chute du communisme, un modèle unique paraissait destiné à s'imposer partout sur la planète : celui de la démocratie occidentale, avec son respect des différences et son idéologie libérale. Rien ne semblait en mesure de contrarier l'extension de ce modèle politique appelé à devenir universel.

Le 11 septembre réveilla de façon brutale la civilisation occidentale, qui découvrit avec stupéfaction que rien ne la prédestinait à régner sur le globe. Deux voies s'ouvraient alors.

La première était celle d'une transformation profonde qui donnerait à nos démocraties de puissants moyens de défense à la hauteur des attaques présentes et à venir. Mais cette première voie paraissait à tort ou à raison en contradiction avec l'esprit de la démocratie. Malgré quelques innovations très marginales, nos démocraties continuèrent à privilégier le respect de l'ennemi, même quand celui-ci met tout en œuvre pour nous détruire.

C'est donc la seconde voie qui fut choisie : rester d'une intransigeance absolue sur le plan des droits de l'homme et accorder, y compris à ceux qui usent de la pire violence à notre égard, tout l'arsenal construit pour protéger les citoyens qui adhèrent à notre pacte social. Plutôt accepter les attentats les plus monstrueux que d'apporter des correctifs à nos principes.

Que cette seconde voie soit suicidaire et fasse de nous des victimes expiatoires prêtes au sacrifice ne troubla guère les esprits. Combien de Bataclan, combien de promenade des Anglais pour nous réveiller ? Qui possède la réponse à cette question dont dépend notre survie ?

“

Les grands peintres
sont des hommes auxquels
remonte une certaine vision
des choses qui est devenue
ou qui deviendra la vision
de tous les hommes[75].

HENRI BERGSON,
La Pensée et le Mouvant, 1934

COMME L'AVAIT AFFIRMÉ AVEC FORCE le génial Vassily Kandinsky, la culture est comparable à un triangle divisé en trois strates[76] : la strate inférieure, la plus large, représente la vision du monde que partage la majorité des hommes à un moment de l'histoire, la strate située au-dessus, plus mince, représente les modifications qu'ont incorporées la minorité cultivée des membres de la société, et la dernière strate, la plus étroite, symbolise la vision révolutionnaire des grands créateurs, philosophes, savants et artistes. Mais le triangle est ascendant : la première strate se substitue ensuite à la deuxième, et la deuxième strate devient plus tard la troisième.

Appliquons le schéma de Kandinsky à la phrase de Bergson. La caractéristique des génies créateurs est leur avance sur les autres hommes. Leur représentation de la réalité est en rupture avec la vision du monde de leurs contemporains. Ce qui explique pourquoi les génies sont presque toujours incompris de leur vivant. Mais s'ils demeuraient à tout jamais incompris, ils ne seraient pas des génies créateurs, mais des malades mentaux !

La vision qui leur est propre n'est pas leur vision individuelle, mais une vision qui anticipe le regard que les hommes jetteront un peu plus tard sur le monde. Les génies sont « simplement » en avance sur le reste de l'humanité. Ils ouvrent la voie, ils nous précèdent sur la route du temps.

Seul ce décalage permet de comprendre pourquoi Van Gogh ne vendait de son vivant aucun tableau (l'un de ces tableaux a servi à Arles à boucher l'entrée d'un poulailler…), et qu'il y a une trentaine d'années j'ai fait trois heures de queue à Arles pour admirer ses toiles lors de l'importante exposition qui lui était consacrée.

Les grands artistes ne nous imposent pas leur regard, ils nous précèdent, ils voient le monde comme le verront plus tard leurs successeurs. Merci à eux de faire avancer l'humanité.

“

Zhuangzi rêva qu'il était
un papillon, voletant, heureux.
Il se réveilla soudain. Il ne savait
plus s'il était Zhuangzi qui venait
de rêver qu'il était un papillon,
ou s'il était un papillon qui rêvait
qu'il était Zhuangzi[77].

ZHUANGZI

(autrefois appelé Tchouang Tseu en Europe)

On affirme régulièrement que la pensée orientale ne peut être comparée à la philosophie occidentale. J'ai toujours refusé cette thèse. Pour défendre ma position, je vous propose de méditer une phrase chinoise vieille de plus de deux mille ans. Elle est de Tchouang Tseu, qu'on préfère aujourd'hui appeler Zhuangzi.

Au XVIIe siècle, en France, Blaise Pascal prétendait dans ses *Pensée*s qu'un artisan qui rêverait toutes les nuits pendant dix heures par nuit qu'il est roi aurait la même existence qu'un roi qui rêverait toutes les nuits pendant dix heures par nuit qu'il est artisan[78].

Ce que Zhuangzi et Pascal remarquent, c'est que seule la diversité de nos rêves, qui ne sont jamais les mêmes, nous permet de les différencier de la réalité. Mais que se passerait-il si nous faisions toutes les nuits le même rêve ?

La neurologie apporte de nouveaux arguments en faveur des réflexions de Zhuangzi et de Pascal. Qu'est-ce que la réalité dont nous ne percevons que les apparences ? Elle a sans doute fort peu à voir avec le monde perçu, composée qu'elle est d'ensembles d'atomes, de flux d'énergie. Ce que nous croyons voir en dehors de nous est en réalité en nous, ce n'est rien d'autre qu'une agitation neuronale, l'activité de nos neurones dans nos cerveaux. Et que se passe-t-il la nuit quand nous rêvons ? Toujours une agitation neuronale.

Pendant la journée, nous considérons comme authentiques, comme existant en dehors de nous et indépendamment de nous, les objets que nous percevons. Nous faisons de même la nuit quand nous dormons : nous estimons réels les événements que nous traversons. Ce n'est qu'au matin que nous nous disons : ce n'est qu'un rêve !

Quand j'étais professeur à Bastia, l'un de mes élèves est venu me faire part de son trouble extrême : il rêvait toutes les nuits depuis des semaines qu'il vivait dans un quartier de Marseille où il n'avait jamais résidé, que les habitants le reconnaissaient, etc. Ce pauvre élève était en train de devenir fou. Je me suis servi de Zhuangzi et de Pascal pour le rassurer.

Octobre

Voir souffrir fait du bien,
faire souffrir plus de bien
encore – c'est une dure vérité,
mais une vieille, puissante,
capitale vérité humaine,
trop humaine[79].

FRIEDRICH NIETZSCHE,
La Généalogie de la morale, 1887

OCTOBRE CÉLÈBRE CHAQUE ANNÉE LA NON-VIOLENCE. Comment ne pas admirer les fondateurs des pratiques de la non-violence, Gandhi et Lanza del Vasto au premier chef ? Vouloir mettre un terme à la violence qui a semé la mort depuis l'aube de l'humanité est un beau projet. Mais n'est-ce pas un projet naïf qui s'oppose à ce qui est inscrit dans la nature humaine ?

Dans sa passionnante enquête, *La Généalogie de la morale*, Nietzsche se livre à une généalogie de l'agressivité. Bien avant l'éthologue Konrad Lorenz, dont le livre *L'Agression*[80] est l'un des plus remarquables du XXe siècle, Nietzsche est l'un des premiers philosophes à affirmer que le monde animal ignore la violence au sens strict du terme. Leur instinct de survie guide les animaux, leurs attaques contre leurs proies ne sont jamais gratuites et s'arrêtent sitôt qu'ils ont atteint leur objectif.

L'homme est un animal atypique. Il agresse pour le plaisir d'agresser, il poursuit ses attaques bien au-delà des nécessités de la survie. Konrad Lorenz affirmait que l'homme est dépourvu de tous les mécanismes d'inhibition dont la nature a doté les animaux, mécanismes qu'il décrit tout au long de son ouvrage.

L'hypothèse de Nietzsche est différente et peut-être complémentaire. L'homme éprouve un plaisir quand il constate la souffrance que son agression produit chez sa victime. Pourquoi ce plaisir ? Doit-on supposer la présence d'un mystérieux sadisme inscrit dans la nature humaine ? Telle n'est pas l'explication nietzschéenne. C'est parce que l'homme est un animal conscient, parce qu'il a la possibilité de se représenter ce qu'éprouvent les autres, qu'il est à la fois apte à la pitié et capable de violence gratuite. Nietzsche rejoint ainsi Rousseau, dont on peut regretter qu'il n'ait pas lu les œuvres. Dans ses premiers écrits, Rousseau proposait en effet une hypothèse très proche de celle de Nietzsche. Comme son successeur, il situait dans la conscience humaine et la faculté de se mettre « à la place » de l'autre la source aussi bien de la sollicitude que de la violence barbare.

Vouloir éradiquer la violence sadique n'est donc sans doute pas souhaitable, car ce serait en même temps éliminer notre aptitude à la compassion. Les adeptes de la non-violence l'ignorent, et c'est ce qui rend illusoire leur idéal.

L'impôt est un vol, purement et simplement, même si ce vol est commis à un niveau colossal, auquel les criminels ordinaires n'oseraient prétendre[81].

MURRAY ROTHBARD,
L'Éthique de la liberté, 1982

QUAND NOUS RECEVONS UN AVIS D'IMPOSITION, nous jugeons évident de payer ce que l'on nous réclame. Jamais nous n'obéirions à un voisin qui nous ferait la même demande. S'acquitter de nos impôts semble aller de soi.

Les libertariens américains espèrent nous réveiller de cette évidence, qui est loin d'avoir toujours existé. Parmi eux, Murray Rothbard qui qualifie l'impôt de « vol » dans son livre *L'Éthique de la liberté* (1982).

On connaît mal en France le mouvement libertarien auquel appartiennent des philosophes et des économistes tels que Murray Rothbard, David Friedman, David Nolan, etc., courant qui conteste toute légitimité à l'État comme à toutes les structures qui veulent s'imposer aux individus et régenter leur existence.

Mais plutôt que de faire référence à ce courant mal connu, je préfère avoir recours à un immense sociologue d'origine allemande, Norbert Elias, qui confirme par ses analyses nombre de thèses libertariennes. Dans sa remarquable enquête *La Dynamique de l'Occident*[82], Elias démontre que nous croyons à tort universelles des structures propres à l'Occident.

Norbert Elias a souvent pris comme objet d'étude l'histoire de France. Dans *La Dynamique de l'Occident*, il rappelle l'épisode de la Fronde qui a été la dernière et puissante résistance à l'instauration d'un pouvoir central omnipotent. C'est à ce pouvoir central que nous obéissons de façon mécanique quand nous payons nos impôts.

Mais pourquoi plions-nous comme nous le faisons ? Parce que l'État n'affronte jamais toutes les fractions qui pourraient lui résister, mais tour à tour tel ou tel groupe auquel il est supérieur. Norbert Elias nous donne la clé du mystère : « La fonction centrale, disposant des moyens d'action qui lui viennent de toutes les parties du royaume, est toujours plus forte que telle couche, que telle région isolée. » Et même si cela n'entre pas dans ses intentions, il nous révèle par cette formule ce qui pourrait renverser les rapports de force entre l'État tout-puissant et les individus que nous sommes.

Une pensée véritablement tragique est celle pour laquelle ce qui a le plus de valeur est aussi ce qui est, de façon inéluctable, voué à périr[83].

MARCEL CONCHE,
Orientation philosophique, 1974

CETTE PHRASE APPARTIENT à l'œuvre du philosophe Marcel Conche, disparu en 2022 à la veille de son centième anniversaire.

Nous devons à Nietzsche d'avoir revisité la notion de « tragique » au XIXe siècle. Le « tragique » n'est pas le pessimisme, qui témoigne d'une faiblesse de la volonté. Nietzsche ironise sur les romantiques qui se complaisent dans leur état dépressif. Le tragique, dont Nietzsche a compris les spécificités en explorant la logique de la tragédie grecque, suppose une double puissance de l'âme. La première est une capacité à regarder en face, sans la moindre concession, le caractère terrifiant de notre condition de mortels. La nature se montre sans pitié, elle détruit aussi bien ses meilleurs spécimens que les créatures les plus médiocres, elle n'effectue aucun tri, et l'homme est révolté quand il fait le constat de cette monstrueuse froideur.

Mais si l'on en restait à ce constat, il n'y aurait pas tragique, mais pessimisme. Pour que naisse le sentiment du tragique, cette lucidité doit produire une étrange jubilation, qui tient à ce que celui qui est capable d'un tel regard ressent sa grandeur au milieu de cette désespérance.

Le seul concept qu'on pourrait rapprocher du tragique est la notion de « sublime » esthétique découverte par les philosophes du XVIIIe siècle, Edmund Burke et Emmanuel Kant en particulier[84], qui avaient perçu dans le sublime ce double mouvement de l'âme : effondrement suivi d'un rebond.

Marcel Conche est l'un des rares philosophes du XXe siècle à avoir poursuivi cette exploration, ainsi que le démontre notre citation. Pour ce philosophe qu'on pourrait qualifier de « naturaliste », la nature n'est ni bonne ni mauvaise, elle est dépourvue de la moindre considération pour les vivants, et encore moins pour les humains. Le penser, sans tenter le moins du monde de construire des fictions réconfortantes (religieuses en particulier), ne pas sombrer pour autant dans une vision nihiliste qui supposerait que rien n'a de valeur puisque tout disparaît, tel est le tragique, qui a la force de se réjouir de l'apparition de la beauté et du génie dans une nature qui ne fait rien pour en faciliter la venue.

“

Anciens médias :
peu d’émetteurs,
beaucoup de récepteurs.
Toile : autant d’émetteurs
que de récepteurs[85].

MICHEL SERRES,
Le Gaucher boiteux, 2015

ON DÉNONCE BIEN SOUVENT la passivité des adolescents qui naviguent des journées entières sur les réseaux sociaux. Contestant cette critique, Michel Serres pointait ce qui distingue les nouveaux médias des anciens.

Doit-on approuver ceux qui dénoncent cette passivité, ou rejoindre Michel Serres qui rappelle avec finesse que les récepteurs sont en même temps des émetteurs, et des émetteurs actifs ?

Les Français des années 1960 qui, figés devant leurs écrans, absorbaient l'unique chaîne télévisée qui existait faisaient-ils preuve de davantage de dynamisme que nos adolescents ? Qui pourrait le croire ? Après une première période où l'internaute pouvait créer l'illusion qu'il consommait passivement des données, la seconde époque dans laquelle nous sommes entrés se caractérise par la prise en main par chacun de son monde numérique : ce qu'on décide d'y afficher ; le partage des contenus ; les liens qu'on décide d'établir ou de supprimer. Au sein des GAFA, autrement dit Google, Apple, Facebook, et Amazon, ce sont bien les utilisateurs qui font la pluie et le beau temps, et qui sont seuls à déterminer l'avenir des contenus qui y circulent.

On peut faire la même remarque à propos du statut de l'individualité. En un sens, le monde numérique abolit partout les individus. Plus d'« auteurs », au sens strict, quand tous les hommes de la planète participent à la rédaction des articles de Wikipédia, par exemple. Mais d'un autre côté, quoi de plus individuel, et même de plus narcissique qu'une page Facebook, que ces tweets, « millions de petites publicités pour soi-même », suivant l'ironique formule d'un essayiste américain ? N'est-ce pas d'abord pour combattre l'abolition de l'individu que nos ados manifestent leur « désir d'exister », leur volonté d'être visible dans un univers de plus en plus anonyme ?

Le monde numérique est trop récent pour qu'on puisse émettre des jugements à l'emporte-pièce plus proches de la caricature que de la réflexion. Laissons-lui le temps d'évoluer et de trouver son équilibre, ce qu'il ne manquera pas de faire.

“

Toutes les tentatives d'adaptation de l'islam à la Modernité ont lamentablement échoué, y compris en Turquie et en Tunisie[86].

MEZRI HADDAD,
Le Figaro, 22 août 2016

LE 19 OCTOBRE 1922, on posa la première pierre de la Grande Mosquée de Paris. Près d'un siècle plus tard, Mezri Haddad, journaliste et philosophe tunisien, remarque l'échec des adaptations de l'islam à la Modernité.

La vraie question que soulève l'islam est bien celle de ce journaliste qui a le mérite de parler « de l'intérieur », et non de formuler un jugement externe qu'on pourrait suspecter de néocolonialisme.

Certains considèrent que l'islam est à tout jamais incapable d'une telle intégration. D'autres pensent que cette intégration demandera du temps, mais qu'elle n'a rien d'impossible. Seule une vision historique peut nous éclairer, telle celle dont a su faire preuve Daryush Shayegan dans son ouvrage *Le Regard mutilé : Schizophrénie culturelle : pays traditionnels face à la modernité*[87].

Citons Daryush Shayegan : « Les trois événements majeurs survenus en Europe : l'expansion des voies maritimes, la Renaissance et la Réforme restèrent complètement étrangers au monde islamique[88] », écrivait-il. Ce qui signifie que les mutations culturelles qui ont préparé la Modernité, et qui ont constitué les conditions de possibilité du passage à l'ère dans laquelle nous entrons, n'ont jamais pénétré (ou n'ont pénétré qu'à la marge) les sociétés musulmanes.

Longtemps à l'écart de ces événements majeurs, les pays musulmans ne pourront le demeurer éternellement. Seuls les courants les plus passéistes, crispés sur des origines dont ils ont la nostalgie, perpétuent ce blocage.

Mais le monde technique est en trop grande contradiction avec ce vieux paradigme pour qu'on puisse supposer qu'il continue à résister à la Modernité : tel est le message d'espoir que nous laissait, il y a trente-cinq ans, Daryush Shayegan, dont nous devons sans tarder relire les écrits.

Apprendre à voir, habituer l'œil
au calme, à la patience,
à laisser les choses venir à lui,
à suspendre le jugement[89].

FRIEDRICH NIETZSCHE,

Crépuscule des idoles, 1888

MARCEL CONCHE, dans son petit ouvrage *Nietzsche et le bouddhisme* (2007), voyait en Nietzsche un philosophe qui se situe aux antipodes du bouddhisme. Ne peut-on pas cependant identifier quelque chose de bouddhiste dans de nombreuses formules nietzschéennes ?

Accordons à Marcel Conche que supposer un bouddhisme nietzschéen semble *a priori* une aberration, la philosophie de Nietzsche contredisant au moins trois piliers fondamentaux du bouddhisme : 1° : l'illusion du « moi », 2° : la valeur de la compassion, 3° : l'idée d'une conduite juste et d'une pratique régie par des règles strictes.

Concernant le premier pilier, Nietzsche est le chantre de l'individualisme, ainsi que le manifeste sa devise, empruntée au poète grec Pindare, « Deviens celui que tu es ». Mais l'individualisme nietzschéen est le contraire de ce que l'on croit souvent. Nietzsche n'a de cesse de pourfendre le narcissisme, le repli sur soi, et par-dessus tout l'ignorance de notre interdépendance avec la totalité qui nous entoure. Lire les plus belles pages du *Zarathoustra* suffit pour en être persuadé.

Concernant le deuxième pilier, Nietzsche se présente lui-même comme l'ennemi de la pitié. Mais que signifie sa critique de la pitié ? C'est une dénonciation de l'idée selon laquelle la pitié serait la vertu première, de l'idée selon laquelle nous devrions avant tout et sans cesse nous préoccuper de nos semblables sans nous soucier de nous-mêmes. La dénonciation nietzschéenne de la pitié n'est en rien contradictoire avec la valeur accordée par le bouddhisme à la compassion.

Concernant le troisième pilier, Nietzsche semble l'ennemi acharné de tout ce qui est normatif et stéréotypé. On trouve chez lui un refus des règles, une crainte de tout ce qui peut « uniformiser » l'humanité. Mais que signifie en réalité cet « anarchisme » nietzschéen ? C'est un rejet de tous les codes externes qui nous sont imposés sans explication pour nous formater. Nietzsche ne fait à aucun moment l'apologie du laisser-aller et de la facilité.

Supposer l'existence d'un bouddhisme nietzschéen[90] n'est donc en rien ridicule.

Novembre

Aucun organisme vivant
ne peut fonctionner
à long terme en utilisant
tous ses organes au maximum
de ses capacités[91].

VALÉRIE CHAROLLES,
Philosophie de l'écran, 2013

J'AI DÉJÀ COMMENTÉ UNE FORMULE DE VALÉRIE CHAROLLES, normalienne et énarque, dont les ouvrages sont tous passionnants.

C'est en économiste qu'elle écrit la phrase citée. Avant elle, quantité de philosophes et d'essayistes ont développé l'idée selon laquelle nous nous serions beaucoup trop éloignés de la nature. Mais Valérie Charolles propose une approche particulière de cet éloignement, en concentrant son regard sur ce que l'on pourrait dénommer un problème de *timing*.

Nos sociétés s'emballent et se comportent comme si un impératif nous dictait d'aller de plus en plus vite dans tous les domaines. Le sociologue allemand Hartmut Rosa s'était penché en 2005 sur cette question dans son livre *Accélération : Une critique sociale du temps*[92]. Valérie Charolles choisit un point de vue un peu différent. Elle compare le rythme adopté et l'exploitation de leurs capacités par l'homme et par l'animal.

Les animaux peuvent ponctuellement faire un usage maximal de leurs facultés physiques lorsqu'une situation exceptionnelle se présente qui met en jeu leur survie. Mais aucun animal ne s'installe dans cet usage intensif à la limite des possibilités de son organisme.

À l'inverse, nos sociétés suivent toujours davantage un modèle qui les conduit à surexploiter dans tous les domaines les capacités de la sphère économique : rythme de production, fonctionnement de nos machines, flux tendus, circulation des marchandises comme de l'information, etc. Ce modèle maximaliste, apparu avec la révolution industrielle, s'est accentué de façon exponentielle avec la robotisation et l'Intelligence artificielle. Même s'il n'est pas question d'adopter la nature en tant que modèle, on peut redouter que ce type d'organisation soit à ce point en contradiction avec ce qui existe dans l'ensemble du monde vivant qu'il a de grandes chances d'imploser un jour prochain.

Mais telle Cassandre, il est à craindre que Valérie Charolles ne prêche dans le désert, et qu'il sera trop tard lorsqu'on prendra au sérieux son avertissement. J'espère bien entendu me tromper.

“

Le communisme
est plus pervers que le nazisme
parce qu'il ne demande pas
à l'homme de faire
consciemment le pas moral
du criminel et qu'il se sert
de l'esprit de justice et de bonté
qui est répandu dans toute
la terre pour répandre
dans toute la terre le mal[93].

ALAIN BESANÇON,

Le Malheur du siècle, 1998

LE 9 NOVEMBRE est l'anniversaire de la chute du mur de Berlin. Cet événement marquant, qui s'est déroulé dans la nuit du 9 au 10 novembre 1989, a bouleversé la géopolitique mondiale. C'est l'occasion de réfléchir avec Alain Besançon sur la comparaison communisme-nazisme, et d'examiner son point de vue.

A-t-on le droit de rapprocher communisme et nazisme ? À cette question, on a souvent répondu « non ». Or je pense qu'on peut répondre « oui » avec Alain Besançon, et pour au moins trois raisons.

La première, c'est que le système communiste s'est mis en place une quinzaine d'années avant le nazisme. Hitler n'a cessé de reconnaître sa dette à l'égard des méthodes staliniennes, de ses techniques de propagande en particulier qui l'ont beaucoup influencé.

La deuxième raison est que ces idéologies ont suscité les plus grandes hécatombes non seulement du XXe siècle, mais de toute l'Histoire. Les chiffres sont parfois discutés, mais on s'accorde à dire que le nazisme a fait 40 millions de morts alors que le communisme est pour sa part responsable d'au moins 100 millions de victimes en URSS, en Chine, au Cambodge, et j'en passe.

La troisième raison, c'est que nous sommes devant des idéologies totalitaires. C'est ce qui les réunit et c'est ce qu'a démontré la première la remarquable philosophe Hannah Arendt.

Des différences considérables séparent bien entendu les deux systèmes malgré tout ce qui les rejoint. Nous avons d'un côté, avec le nazisme, une idéologie dont les ambitions sont criminelles, alors que nous avons avec le communisme une idéologie qui se pare des meilleures intentions du monde. Le communisme prétend créer le paradis sur Terre, il revêt une dimension quasi religieuse et c'est ce qui le rend des plus pervers.

Méfions-nous comme de la peste des idéologies qui veulent faire notre bonheur malgré nous. On remarque aujourd'hui une résurgence inquiétante des tentations totalitaires, et il convient de s'interroger à nouveau sur ces idéologies extrêmement dangereuses.

Le jour où la misère
de tous saisit la richesse
de quelques-uns, la nuit se fait,
il n'y a plus rien.
Plus rien pour personne[94].

VICTOR HUGO,
Choses vues, 1847

NUL NE SAURAIT DÉNIER À VICTOR HUGO le souci constant qu'il a manifesté à l'égard des pauvres, des opprimés, des exploités. Mais Hugo a le mérite de se situer aux antipodes de la démagogie aujourd'hui dominante. S'attaquer à la grande pauvreté n'a de sens que si la dénonciation ne rompt pas avec la pudeur, la lucidité et le bon sens qui manquent si cruellement de nos jours.

En premier lieu, la pudeur. Les célébrités qui volent au secours des dominés ne sont guère crédibles : elles prônent le partage sans jamais prendre l'initiative de mettre leurs moyens financiers au service des malheureux. Elles nous exhortent à accueillir des migrants qu'elles n'ont pas la moindre chance de croiser dans leurs luxueux quartiers.

Ensuite, la lucidité. Je me souviens d'une anecdote vieille de cinquante ans. Marcel Dassault, le richissime industriel, interpellé par un membre du Parti communiste qui dénonçait sa scandaleuse fortune, avait sorti de sa poche une calculatrice. Il avait demandé au militant du PC à combien il estimait le nombre de prolétaires pauvres en France. La réponse obtenue, il avait divisé son patrimoine par le nombre de prolétaires pauvres indiqué par le militant : le résultat était consternant. Le partage de sa fortune n'aurait enrichi chacun de ces malheureux que de quelques dizaines de francs.

Le bon sens, enfin. Marcel Dassault aurait pu compléter son calcul par la formule de Victor Hugo « la nuit se fait ». Une société qui se contenterait de supprimer les riches ne serait en aucune façon plus juste ou plus harmonieuse. En éliminant la richesse, la révolution anéantirait tous les apports que la richesse autorise. Nul ne peut contester qu'elle favorise des créations brillantes qui, à moyen ou à long terme, élèveront tous les humains et participeront à la grandeur de notre espèce (on pense bien entendu à l'architecture et aux beaux-arts en priorité).

Répartir entre tous la richesse de quelques-uns laisserait dans la misère la masse de ceux qui n'auront hérité que des miettes du gâteau partagé.

Considérant l'évolution
ultra-rapide des mœurs,
quel individu de 2080 voudra
demeurer un humain obsolète,
fragile et malade,
quand ses voisins
seront "géniaux"
et quasi immortels[95] ?

DOCTEUR LAURENT ALEXANDRE,
La Mort de la mort, 2011

PEUT-ON ESPÉRER QUE NOS CONTEMPORAINS s'opposent aux manipulations des transhumanistes ? C'est peu probable si l'on suit Laurent Alexandre.

On dénonce volontiers les « apprentis sorciers » de la biologie, et on est du même coup convaincus que l'opinion publique réagira fermement face aux dérives qu'ils nous promettent. Est-ce bien certain ? J'en doute autant que Laurent Alexandre, mais pour des raisons différentes, au nombre de trois.

La première est le fait que la santé obsède nos contemporains. Quand sur l'un des plateaux de la balance seront déposés les périls du transhumanisme, et sur l'autre plateau la considérable augmentation de notre bien-être que permettront les biotechnologies, point n'est besoin d'être grand clerc pour savoir de quel côté penchera la balance.

La deuxième raison tient à un récent enseignement de l'histoire. Nous avons pu observer comment nos contemporains acceptent au bout de quelques années ce à quoi ils s'opposaient vivement au départ. Quand la presse a publié en 1982 des photos d'Amandine, le premier bébé éprouvette français, tous les sondages ont mis au jour l'extrême hostilité de la population à cette manipulation. Quarante ans plus tard, tout projet d'interdiction des bébés éprouvettes ferait descendre par millions dans la rue nos concitoyens.

La troisième raison est liée à ce que l'homme rêve depuis toujours d'échapper à la maladie et à la mort. Or les transhumanistes font miroiter les possibilités d'une éradication de toutes les pathologies, voire d'une immortalité des humains modifiés par le génie génétique.

Mais le plus grand danger est celui d'aller vers une humanité dédoublée : les individus « naturels » et les « hommes augmentés ». Les deux espèces pourraient-elles durablement cohabiter ? La préhistoire nous donne un indice en nous enseignant que l'homme de Néandertal n'a pas pu coexister longtemps avec l'homme de Cro-Magnon.

Les humains « augmentés » accepteront-ils longtemps une cohabitation dérangeante avec la vieille humanité « naturelle » ?

Depuis que les hommes
ne croient plus en Dieu,
ce n'est pas qu'ils ne croient
plus en rien, c'est qu'ils sont
prêts à croire en n'importe
quoi[96].

PHRASE ATTRIBUÉE À G.K. CHESTERTON,
1923-1924

On a longtemps cru que l'athéisme serait une véritable libération pour l'homme. Le remarquable écrivain anglais G.K. Chesterton en doutait au début du XXe siècle.

Les philosophes du XIXe siècle, Marx et Nietzsche en particulier, étaient persuadés, pour des raisons différentes, que le déclin de la croyance religieuse constituerait pour l'humanité une prodigieuse émancipation.

Marx espérait nous rendre capables de nous dispenser d'une religion « opium du peuple ». Nietzsche souhaitait donner à l'homme une absolue confiance en ses capacités créatrices.

Notons seulement que Nietzsche était beaucoup plus nuancé que Marx et qu'il avait parfaitement envisagé toutes les dimensions dangereuses de la disparition de la religion.

Mais n'ont-ils pas sous-estimé l'un comme l'autre l'indéracinable besoin de croire inscrit dans l'âme humaine ? Tel est bien le danger signalé par Chesterton : croire en n'importe quoi plutôt que ne croire en rien. N'est-ce pas le moment que nous vivons ?

Tous les récits complotistes qui abondent sur les réseaux en apportent la preuve : croire qu'on détient le secret qui explique tous les événements, croire qu'un minuscule groupuscule mène la planète et décide de tout. Les réseaux nous offrent un fabuleux catalogue des « n'importe quoi » dont Chesterton avait anticipé la venue.

Contre ces croyances, une seule arme, le doute, qui doit être distingué du soupçon, ce que résume superbement cette formule chère aux ennemis des *fake news* : « Le doute, c'est chercher des réponses. Le soupçon, c'est chercher des coupables. »

“

Impossible de faire éprouver aux miens “la douceur d’être inclus” sans infliger à d’autres la douleur d’être exclus[97].

RÉGIS DEBRAY,

Le Feu sacré, 2003

DANS *LE FEU SACRÉ*, Régis Debray nous propose une version vulgarisée et illustrée des thèses qu'il avait développées dans son livre le plus original et sans doute le plus difficile : *Critique de la raison politique*[98], paru en 1981, alors qu'il venait de prendre ses fonctions comme chargé de mission auprès du président de la République François Mitterrand. Dans ce livre, dont le titre ambitieux plagie celui de la célèbre *Critique de la raison pure* de Kant, Régis Debray tente de mettre en équation le fonctionnement des groupes humains. Pour qu'un agrégat (mot utilisé par Rousseau) se métamorphose en organisation politique, il est besoin de deux figures géométriques : un cercle qui sépare le dedans du dehors, « nous » et « les autres », et une verticale qui pointe l'élément transcendant, les valeurs absolues que partagent tous les membres du groupe.

C'est la première figure, celle du cercle, que l'on retrouve dans *Le Feu sacré*. Une figure à la fois réconfortante et inquiétante. « Sacré » se dit en langue latine *fanum*, qui signifie aussi le « temple », l'enceinte dans laquelle les hommes se rassemblent pour célébrer leurs dieux, et à l'extérieur du *fanum*, le *profanum*, l'espace profane. Ces thèses de Régis Debray sont très proches de celles du philosophe des religions, Mircea Eliade, dont l'un des ouvrages majeurs s'intitule précisément *Le Sacré et le Profane*[99].

Ainsi, la loi qui régit les sociétés humaines s'avère-t-elle aussi immuable et indémontrable que les lois de la nature : qu'un groupe ne puisse se définir que par rapport à ce qui lui est extérieur, que « nous » ne puissions exister qu'en nous opposant à tous ceux qui ne sont pas nous et qui sont donc les « autres », cette loi condamne définitivement tout espoir de société mondiale, de paix universelle. Les hommes ne se combattent pas parce qu'ils sont « mauvais », ils s'opposent parce qu'ils ne peuvent faire société qu'en se distinguant de tous ceux qui sont à l'extérieur de toutes les frontières (géographiques, idéologiques, religieuses, etc.) à l'intérieur desquelles ils vivent.

Le stade de football ou de rugby pourrait être en ce sens le modèle des sociétés politiques : la « douceur » des émotions qui unissent les supporters de l'équipe locale s'opposera toujours à la « douleur » de tous les autres, qui sont de ce fait « exclus ».

Décembre

“

Le capitalisme a bon dos
d'être la cible privilégiée
de la philosophie politique ;
ce qui devrait sans fin
être déconstruit
c'est le modèle technico-cognitif
qui actuellement s'exerce
partout[100].

ÉRIC SADIN,
La Vie algorithmique : Critique de la raison numérique, 2015

Éric Sadin veut nous faire percevoir le caractère anachronique et dépourvu de pertinence des innombrables critiques qui accusent aujourd'hui le capitalisme ou le libéralisme comme si rien n'avait changé dans nos sociétés depuis le XIXe siècle, époque où ces critiques ont vu le jour. Dénoncer le capitalisme en des termes quasi identiques à ceux qu'utilisaient les contemporains des premières révolutions industrielles, c'est dénoncer un fantôme et manquer la cible. Cet anachronisme explique pourquoi les partis politiques qui répètent ces vieux slogans rencontrent de moins en moins d'écho dans la population. Sans connaître les analyses d'Éric Sadin, les électeurs sont conscients que de tels discours ne sont rien d'autre que des relances sans efficience d'idéologies anachroniques qui n'ont pas la moindre chance d'avoir une prise sur le réel.

Que vise Éric Sadin par ces mots, « modèle technico-cognitif qui s'exerce partout », difficiles à interpréter par ceux qui n'ont pas lu ses ouvrages ? N'oublions pas qu'il réfléchit depuis des années sur la révolution qu'il a joliment qualifiée de « siliconisation du monde » (titre d'un de ses livres paru en 2016). Ceux qui fustigent la gestion capitaliste comme si la machine à vapeur ou l'automobile restaient les piliers de nos économies n'ont pas la moindre chance de fournir des armes à ceux qui veulent transformer nos sociétés. Ce ne sont pas les machines ou les grosses usines qui assurent la puissance de ceux qui mènent aujourd'hui le bal, mais les ordinateurs et la numérisation. Dans le petit groupe des leaders mondiaux apparus depuis vingt-cinq ans, pas un seul capitaine d'industrie, mais des Jeff Bezos (Amazon), des Bill Gates (Microsoft), des Mark Zuckerberg (Facebook), des Larry Ellison (Oracle Corporation, créatrice de Java), des Larry Page (Google). Je viens de citer les noms de cinq des sept plus grandes fortunes mondiales (en 2020). Pas un seul capitaliste au sens du XIXe siècle parmi eux.

Ce dont nous avons besoin, martèle Éric Sadin, c'est d'une « critique de la raison numérique » : continuer à cracher sur le capitalisme est à la portée du premier imbécile venu et demande beaucoup moins d'efforts. Tant que les anticapitalistes hurleront dans le vide, les maîtres du monde peuvent dormir sur leurs deux oreilles !

Le génie n'est donc pas,
comme il est fréquent
de le dire, puissant et solitaire.
Il n'est puissant que si
et en tant qu'il exprime
la puissance du peuple[101].

MICHEL MAFFESOLI,
Les Nouveaux bien-pensants, 2014

C'EST DANS SON LIVRE *Les Nouveaux bien-pensants* que Michel Maffesoli écrit ces mots. Défenseur du peuple, philosophe des tribus, M. Maffesoli tient une place à part dans l'« intelligentsia » française. Ses positions iconoclastes peuvent expliquer pourquoi il est plus célèbre en Amérique du Sud et sur d'autres continents que sur le territoire français.

Michel Maffesoli croit en la force créatrice des peuples, et il applique ici cette conviction à la question du génie. Pour évaluer la thèse de Maffesoli, se livrer à un bref historique de la notion de génie est un préalable. Cette notion est récente : les grands sculpteurs grecs se considéraient comme des artisans, et on ignore le nom de la plupart des peintres et des sculpteurs du Moyen Âge. Ce n'est qu'à la Renaissance que commence à apparaître l'idée d'individus exceptionnels aptes à créer des œuvres immortelles. Mais on doit surtout la notion de génie à la période romantique, qui est allée jusqu'à proposer l'image de l'artiste maudit, du génie incompris et rejeté par les masses, ce solitaire dont les « ailes de géant l'empêchent de marcher », pour citer le dernier vers du poème « L'albatros » des *Fleurs du Mal* de Charles Baudelaire[102].

Mentionnons ici un épisode essentiel qui se déroule à la fin du XIXe siècle. Il oppose Nietzsche et Wagner. Alors que le musicien rêve d'un art qui exprimerait la puissance du peuple, Nietzsche ironise en ces termes dans un fragment de 1873 : « Le sol de l'art nouveau n'est plus le peuple. On conçoit le peuple de manière idyllique et on s'efforce de tendre vers lui [...] L'individualité règne, c'est-à-dire qu'elle possède maintenant en soi les forces autrefois latentes dans les masses[103]. »

Pour Nietzsche, l'émancipation individualiste, qui a débuté timidement sur le sol grec, et que l'Italie de la Renaissance a réactivée, a transformé sans retour possible l'animal de troupeau, qui ne trouvait espérance et salut que dans son groupe d'appartenance, en un individu dont les liens avec la communauté ne cessent de se distendre. Pour Nietzsche, le génie ne doit plus rien à la puissance du peuple dont il fait partie.

Maffesoli conçoit-il le peuple « de manière idyllique » à l'instar de Wagner, pour reprendre les mots de Nietzsche ? Je vous laisse répondre à cette difficile question.

“

Lorsque l’homme s’habitue
à voir les autres porter
les chaînes de l’esclavage,
c’est qu’il accepte lui-même
un jour de les porter.

ABRAHAM LINCOLN,

1864, Lettre à H.G. Hodges

EN CETTE PÉRIODE où l'on célèbre la solidarité humaine, je vous propose cette phrase d'Abraham Lincoln, seizième président des États-Unis.

Il reprend ici un argument mis en avant par Rousseau dans ses textes politiques. Tant qu'existera sur notre planète un seul esclave, rien ne me garantit que le prochain humain enchaîné ne sera pas moi. Or notre société de consommation se montre d'une extrême hypocrisie à ce sujet.

Nous ne pouvons ignorer que ce qui nous permet d'acheter à des prix dérisoires des vêtements et quantité d'autres biens, c'est l'esclavage des hommes, et en particulier l'esclavage des enfants dans les pays sous-développés ou en voie de développement. En fermant volontairement les yeux sur cette horrible réalité, nous nous faisons les complices de l'esclavage pratiqué loin de nos contrées.

Certes, nos gouvernants ont mis en place depuis quelques années des procédures dissuasives : label « commerçants responsables », label « commerce équitable », etc. Ces labels ont le mérite d'exister, mais ils ne modifient que très marginalement les habitudes de la plupart de nos concitoyens. Nous découvrons en ce domaine la même hypocrisie que dans le champ écologique, où nos élites et nos gouvernants continuent à prendre l'avion pour des déplacements que des moyens de transport beaucoup plus économes en empreinte carbone permettraient d'assurer.

On nous répète que nous vivons désormais dans un univers mondialisé, voire dans un « village global » pour reprendre les mots déjà anciens du Canadien Marshall McLuhan, spécialiste des médias. Mais dans un village, chacun a sous les yeux les conditions de vie de tous les habitants, tandis que dans le village global on peut ignorer l'esclavage de nos semblables.

Je conclurai ce propos en paraphrasant George Orwell : « Tous habitaient le village, mais certains étaient plus villageois que d'autres. »

“

Chaque homme est,
à sa mesure, un cas,
une délicieuse exception.
Et une observation fascinée,
puis critique, transforme souvent
l'être anormal en maître ès
humanité[104].

ALEXANDRE JOLLIEN,
Le Métier d'homme, 2002

LE TÉLÉTHON doit nous donner l'occasion de réfléchir à la notion de « normalité ». Cette phrase d'Alexandre Jollien peut nous y aider.

Quelques mots sur Alexandre Jollien, l'un des exemples les plus extraordinaires de résilience qui puisse se trouver. Né avec le cordon ombilical autour du cou, on l'a pris pendant près de vingt ans pour un handicapé mental jusqu'à ce qu'on découvre ses remarquables qualités intellectuelles. Quelques-uns de ses meilleurs livres : *Éloge de la faiblesse* (1999), *Le Métier d'homme* (2002), *La Construction de soi* (2006), *Petit traité de l'abandon* (2012).

Deux définitions presque contradictoires de la normalité s'opposent. La première la considère comme une obligation : le « normal » c'est ce qui doit être, c'est ce sur quoi l'on doit se régler. La seconde fait de la « normalité » une simple moyenne statistique. Elle définit le plus grand nombre, sans qu'aucune connotation de valeur soit affectée à ce caractère.

L'illustration mathématique de cette seconde normalité est la célèbre courbe de Gauss. Quand on mesure un trait quelconque propre à une population, on obtient toujours une courbe en cloche : le plus grand nombre d'individus autour de la moyenne, un nombre plus petit des deux côtés de la moyenne, et un très petit nombre aux extrémités les plus éloignées de la moyenne. Être situé au milieu n'est en aucune façon un indice de supériorité : si l'on prend l'exemple du QI, le très petit nombre d'individus dont le QI est très supérieur à la moyenne est assurément avantagé par rapport à ceux qui sont classés aux alentours de la moyenne ou en dessous d'elle.

Mais la courbe de Gauss est trompeuse dans la mesure où les caractéristiques les plus originales échappent à la mesure, ce que veut nous rappeler Alexandre Jollien. Nous sommes tous des individus uniques, et en ce sens nous sommes tous inégalables.

Efforçons-nous d'en finir avec les comparaisons.

“

Défiez-vous de ces cosmopolites
qui vont chercher loin
dans leurs livres des devoirs
qu'ils dédaignent de remplir
autour d'eux[105].

JEAN-JACQUES ROUSSEAU,
Émile ou De l'éducation, 1762

PEU AVANT NOËL est célébrée la Journée internationale de la solidarité humaine. Occasion pour nous de méditer cette formule de Jean-Jacques Rousseau.

Rousseau prend pour exemple les aristocrates et les bourgeois qui vont pleurer au théâtre en observant les malheureux dont le sort les apitoie (alors qu'ils n'ont vu que des comédiens qui imitent la souffrance humaine), et qui vont dédaigner à la sortie du théâtre le véritable miséreux qui leur demande l'aumône.

Aujourd'hui, multiples sont les célébrités richissimes (dont un grand nombre de comédiens et de chanteurs) qui prétendent nous donner des leçons de morale, en particulier vis-à-vis du sort des migrants, sans jamais entreprendre la moindre action concrète pour leur venir en aide.

L'amour de l'humanité est souvent un prétexte qui masque l'égoïsme à l'égard du proche. Ce proche qui devrait être le « prochain », suivant un mot plein de sens et trop fréquemment oublié. Il est facile, trop facile, de proclamer son amour du genre humain. Le philosophe anarchiste du XIXe siècle Max Stirner, brillant autodidacte, a écrit des pages remarquables sur l'usage des généralités qui nous dérobe les hommes réels qui nous entourent[106].

L'appel aux « droits de l'homme » est de nos jours extrêmement suspect. Qui est cet homme en général, cet homme sans nationalité, qui n'est d'aucune religion, d'aucune culture ? Un homme abstrait qui, là encore, sert de prétexte à notre mépris pour l'homme concret qui, à deux pas de nous, implore notre aide.

Tenir de grands propos moralisants, en particulier des discours qui autoriseraient à dénoncer l'égoïsme des autres, est une ruse dont nous devons sans cesse nous méfier. N'accordons notre admiration qu'à ceux de nos semblables qui œuvrent réellement à l'amélioration de la vie des malheureux.

Le verbe aimer est difficile à conjuguer : son passé n'est pas simple, son présent n'est qu'indicatif, et son futur est toujours conditionnel[107].

JEAN COCTEAU,

La Difficulté d'être, 1947

EN CETTE PÉRIODE DE NOËL, je vous propose cette phrase de Jean Cocteau. Sous sa belle ironie se cache une problématique essentielle.

On a souvent affirmé que le christianisme est la religion de l'amour. En fait, il manifeste une double originalité.

Elle réside d'abord dans le fait d'avoir conçu un Dieu enfant, qui vient au monde dans une étable, ainsi que le représentent les crèches que certains voudraient scandaleusement interdire dans nos communes. J'avais réfléchi sur cette première originalité dans un texte intitulé « Nietzsche, l'enfant, le retour » (réédité dans mon recueil d'articles *En chemin avec Nietzsche*[108]). Dans ce texte, j'avais opposé le « christianisme de l'enfant » au « christianisme du crucifié », un christianisme qui sacralise la souffrance à un christianisme qui déifie l'innocence. De la part du christianisme, diviniser un nourrisson marque une différence radicale avec les deux autres monothéismes.

La seconde originalité du christianisme réside dans la valorisation de l'amour par la métamorphose de l'humanité entière en une immense fratrie au sein de laquelle chacun doit aimer tous ceux qui sont comme lui des créatures de Dieu. À l'inverse, en choisissant de s'appeler les « Frères musulmans », la principale organisation islamiste décide d'exclure de la fraternité tous ceux qui sont extérieurs à leur religion. Frères, oui, mais frères « musulmans ». Chacun perçoit les terribles répercussions d'une telle exclusion.

Même si Jean Cocteau a raison, même si l'amour est difficile, au passé, au présent et au futur, il demeure la seule voie qui peut nous épargner la lutte, l'affrontement, la barbarie. L'une des conséquences les plus funestes de ce que Nietzsche a qualifié de « mort de Dieu », c'est l'effacement de la notion d'amour qui ne résonne plus que dans nos chansonnettes.

Se la réapproprier devrait être l'une des préoccupations majeures de nos penseurs et de nos philosophes. La fête de Noël est l'occasion de le rappeler.

NOTES

[1] Albert Camus, *L'Été*, Folio, 2023, p. 109.

[2] Tipaza, petite ville côtière située à une soixantaine de kilomètres d'Alger, contient de nombreux vestiges romains à côté desquels Albert Camus allait méditer. Le chapitre « Retour à Tipaza » est l'un des plus beaux passages de *L'Été*.

[3] Michel Serres, *Le Gaucher boiteux*, Le Pommier, 2015, p. 229.

[4] *Understanding Media* (1964), tr. fr. *Pour comprendre les médias* (Paris, Le Seuil, 1968) est l'ouvrage qui a rendu célèbre Marshall McLuhan.

[5] Ronald Laing, *Nœuds,* Stock, 1971.

[6] Laurent Terzieff, *Le Figaro Magazine*, avril 2001.

[7] Peter Sloterdijk, *Règles pour le parc humain,* Paris, Mille et une nuits, 2000, p. 11.

[8] Pascal Bruckner, *Le Sanglot de l'homme blanc*, Le Seuil, 1983.

[9] Éric Sadin, *La Vie algorithmique : Critique de la raison numérique*, L'Échappée, 2015, p. 259.

[10] Günther Anders, *L'Obsolescence de l'homme*, Ivrea, 2002.

[11] Valérie Charolles, *Philosophie de l'écran,* Fayard, 2013, p. 176.

[12] Jean-Michel Espitallier, *De la célébrité*, 10-18, 2012, p. 13.

[13] Friedrich Nietzsche, *Seconde considération inactuelle : De l'utilité et des inconvénients de l'histoire pour la vie*, in *Œuvres philosophiques complètes*, tome II, volume 1, Gallimard, 1990, p. 166.

[14] Michel Serres, *Le Gaucher boiteux, op. cit.*, p. 202.

[15] Emmanuel Kant, *Anthropologie du point de vue pragmatique* (1798), tr. fr. J. Tissot, Paris, Ladrange, 1863, p. 92.

[16] Jean-François Mattéi, *La Barbarie intérieure*, PUF, 2004, p. 61.

[17] Hegel, *La Phénoménologie de l'esprit*, tome II, tr. fr. Jean Hyppolite, Aubier, 1947, p. 195.

[18] Mona Eltahawy, *Foulards et hymens : Pourquoi le Moyen-Orient doit faire sa révolution sexuelle*, Belfond, 2015, p. 256.

[19] Friedrich Nietzsche, *Humain, trop humain*, § 377, in *Œuvres philosophiques complètes*, tome III, volume 1, Gallimard, 1968, p. 222.

[20] Luce Irigaray, *J'aime à toi*, Grasset, 1992.

[21] Antoinette Fouque, *Il y a deux sexes*, Gallimard, 2004.

[22] Charles Baudelaire, *Du vin et du haschich*, in *Les Paradis artificiels*, Garnier-Flammarion, 1966, p. 171.

[23] Friedrich Nietzsche, *Vérité et mensonge au sens extra-moral*, in *Écrits posthumes (1870-1873)*, *Œuvres philosophiques complètes*, tome I, volume 2, Gallimard, 1975, p. 282.

[24] Erwin Schrödinger, *Mind and Matter*, Cambridge University Press (1958), tr. fr. *L'Esprit et la Matière*, Paris, Le Seuil, collection « Points », 2016. Le chapitre « Le mystère des qualités sensibles » se trouve aux pages 289-305 de cette édition.

[25] Charles Péguy, *Cahiers de la Quinzaine, VI*, p. XXV, 1904.

[26] Karl Löwith, *Max Weber et Karl Marx* (1932), réédition Payot, 2009, p. 51.

[27] Docteur Laurent Alexandre, *La Mort de la mort*, JC Lattès, 2011, p. 26.

[28] Robert Redeker, *Le Progrès ? Point final*, Nice, Ovadia, 2015, p. 195.

[29] Winston Churchill, discours à la Chambre des Communes, 22 octobre 1945.

[30] George Orwell, *Animal Farm*, Secker and Warburg (1945), tr. fr. *La Ferme des animaux*, Paris, Champ Libre, 1981.

[31] Friedrich Nietzsche, *Le Gai Savoir*, in *Œuvres philosophiques complètes*, tome V, Gallimard, 1967, p. 274.

[32] Pour accompagner Nietzsche dans ses hivers à Nice et en Italie, on pourra lire mon ouvrage *Le Journal retrouvé de Friedrich Nietzsche*, préfacé par Boris Cyrulnik, publié chez L'Harmattan en 2023.

[33] Alfred de Vigny, « La maison du berger », in *Les Destinées*, 1864.

[34] Michel Serres, *Le Gaucher boiteux*, *op. cit.*, p. 97.

[35] Claude Lévi-Strauss, *Mythologiques*, tome I, *Le Cru et le Cuit*, Plon, 1964.

[36] Friedrich Nietzsche, *Le Gai Savoir*, § 377, in *op. cit.*, p. 272.

[37] Friedrich Nietzsche, *La Philosophie à l'époque tragique des Grecs* in *Œuvres philosophiques complètes*, tome I, volume 2, Gallimard, 1975, p. 207-273.

[38] Cette phrase est généralement attribuée à Beaumarchais. Les fondateurs du journal *Sud-Ouest*, qui ont fait en 1944 de cette formule la devise de leur quotidien, ont sans doute commis une erreur. Il s'agirait plutôt d'une formule du journaliste anglais Charles Prestwich Scott, publiée en 1929 dans *The Manchester Guardian*, journal dont il fut le fondateur : « *Comment is free but facts are sacred* » (« Les commentaires sont libres mais les faits sont sacrés »).

[39] George Orwell, *Réflexions sur la guerre d'Espagne* in *Essais, articles lettres*, volume II, Ivrea et Éditions de l'Encyclopédie des Nuisances, 1996, p. 315-318.

[40] Friedrich Nietzsche, *Vérité et mensonge au sens extra-moral*, in *op. cit.*, p. 277.

[41] Alexis de Tocqueville, *De la démocratie en Amérique*, tome II, Garnier-Flammarion, 1987, p. 127.

[42] Alain Finkielkraut, *L'Identité malheureuse*, Stock, 2013.

[43] Henri Bergson, *L'Évolution créatrice*, rééd. PUF, 1962, p. 51.

[44] Alexandre Kalda, *Le Dieu de Dieu*, Flammarion, 1989, p. 230.

[45] Titre de son plus célèbre ouvrage, *Poussières d'étoiles*, Le Seuil, 1984.

[46] David Bohm, *Wholeness and the Implicate Order* (1980), tr. fr. *La Plénitude de l'univers*, Monaco, Le Rocher, 1987.

[47] Alexandre Soljenitsyne, « Le Cri. Le discours du prix Nobel », *L'Express*, n° 1104, 4-11 septembre 1972, p. 66-73.

[48] Stendhal, *Vies de Haydn, de Mozart et de Métastase*, in *Œuvres complètes*, vol. 16, Michel Lévy frères, 1854, p. 133.

[49] André Gide, *Les Nourritures terrestres / Les Nouvelles Nourritures*, Garnier-Flammarion, 2022, p. 274.

[50] Michel Serres, *Le Gaucher boiteux*, *op. cit.*, p. 22.

[51] Michel Serres, *Le Contrat naturel*, François Bourin, 1990, p. 35.

[52] Georges Bernanos, *Les Grands Cimetières sous la lune*, deuxième partie, Payot, 2023.

[53] Platon, *La République*, livre VI, Garnier-Flammarion, 2002, p. 328.

[54] Étienne de La Boétie, *De la servitude volontaire*, Garnier-Flammarion, 1983.

[55] Daniel Jonah Goldhagen, *Les Bourreaux volontaires de Hitler*, Le Seuil, 1997.

[56] Spinoza, *Éthique*, livre V, proposition XXIII, scolie, Garnier-Flammarion, 2011, p. 325.

[57] Blaise Pascal, *Pensées*, pensée 206, Classiques Hachette, 1961, p. 428.

[58] « Tout philosophe a deux philosophies, la sienne et celle de Spinoza », écrivait Bergson à Léon Brunschvicg le 22 février 1927.

[59] Sigmund Freud, *L'Avenir d'une illusion*, PUF, 1971, p. 21.

[60] Hannah Arendt, *Le Système totalitaire*, Le Seuil, 1972.

[61] Friedrich Nietzsche, *Aurore*, § 323, in *Œuvres philosophiques complètes*, tome IV, 1970, p. 204.

[62] Friedrich Nietzsche, Fragment posthume 2 [27], printemps 1880, *Aurore*, in *op. cit.*, p. 322.

[63] Jacques Julliard, « La gauche française vit une crise fondamentale », *Le Figaro*, 4 juin 2015.

[64] Claude Lévi-Strauss, *De près et de loin*, Paris, Odile Jacob, p. 207.

[65] Hermann Hesse, *Éloge de la vieillesse*, Livre de Poche/« Biblio », 2003, p. 46.

[66] Christopher Lasch, *The Culture of Narcissism*, tr. fr. *Le Complexe de Narcisse*, Robert Laffont, 1980.

[67] Friedrich Nietzsche, *Crépuscule des idoles*, « Maximes et traits », § 8, in *Œuvres philosophiques complètes*, tome VIII, volume 1, 1976, p. 62.

[68] Friedrich Nietzsche, *Le Gai Savoir*, § 26, in *op. cit.*, p. 65.

[69] Alain Renaut, *La Fin de l'autorité*, Paris, Flammarion, 2004, p. 149.

[70] Jean-Jacques Rousseau, *Émile ou De l'éducation*, Garnier-Flammarion, 1966.

[71] Sacha Guitry, *Toutes réflexions faites*, L'Élan, 1947, p. 113.

[72] Ernest Renan, *Souvenirs d'enfance et de jeunesse, in Revue des Deux Mondes,* 1883, p. 90.

[73] Pascal Bruckner, « Les démocraties sont par nature démunies face à la barbarie », *Le Figaro*, 23 mars 2016.

[74] Francis Fukuyama, *La Fin de l'histoire et le Dernier Homme*, Paris, Flammarion, 1992.

[75] Henri Bergson, *La Pensée et le Mouvant*, Félix Alcan, 1934.

[76] Vladimir Kandinsky, *Du spirituel dans l'art*, Paris, Folio-Essais, 2002, p. 61 sq.

[77] Tchouang Tseu, *Le Rêve du papillon*, Albin Michel, 1994, p. 34.

[78] Blaise Pascal, *Pensées*, pensée 386, *op. cit.*, p. 504.

[79] Friedrich Nietzsche, *La Généalogie de la morale,* in *Œuvres philosophiques complètes*, tome VII, Gallimard, 1971, p. 259.

[80] Konrad Lorenz, *L'Agression*, Flammarion, 1977.

[81] Murray Rothbard, *L'Éthique de la liberté*, tr. fr. François Guillaumat, Paris, Les Belles Lettres, 2011, p. 271.

[82] Norbert Elias, *La Dynamique de l'Occident*, Presses Pocket, 1990.

[83] Marcel Conche, *Orientation philosophique*, PUF, 1990, p. 175.

[84] Edmund Burke, philosophe irlandais, est l'auteur de *Recherche philosophique sur l'origine de nos idées du sublime et du beau* (1765), et Emmanuel Kant a publié en 1764 *Observations sur le sentiment du beau et du sublime.*

[85] Michel Serres, *Le Gaucher boiteux*, *op. cit.*, p. 228.

[86] Mezri Haddad, « Peut-on réformer l'islam sans toucher à ses fondements ? », *Le Figaro,* 22 août 2016.

[87] Daryush Shayegan, *Le Regard mutilé : Schizophrénie culturelle : pays traditionnels face à la modernité*, Albin Michel, 1988.

[88] Daryush Shayegan, *Les Illusions de l'identité*, Paris, Le Félin, 1992, p. 45.

[89] Nietzsche, *Crépuscule des idoles*, in *op. cit.*, p. 106.

[90] Pour vous en convaincre, je vous invite à visionner sur le site du Café Philo La Garde (« www.cafephilo.fr ») la séance du 18 novembre 2016 « Être heureux avec Nietzsche ».

[91] Valérie Charolles, *Philosophie de l'écran*, *op. cit.*, p. 125.

[92] Hartmut Rosa, *Accélération : Une critique sociale du temps,* La Découverte, 2012, tr. fr. d'un ouvrage publié à Berlin en 2005.

[93] Alain Besançon, *Le Malheur du siècle : Sur le communisme, le nazisme et l'unicité de la Shoah,* Fayard, 1998, p. 73.

[94] Victor Hugo, *Fêtes chez le duc de Montpensier, Aux Tuileries,* in *Choses vues*, *Œuvres complètes de Victor Hugo*, tome 25, Paul Ollendorff, 1913, p. 225.

[95] Docteur Laurent Alexandre, *La Mort de la mort, op. cit.*, p. 94.

[96] Citation apocryphe qui rassemble deux formules de Chesterton, l'une de son ouvrage *The Oracle of the Dog* (1923) : « *It's the first*

effect of not believing in God that you lose your common sense », l'autre de son livre *The Miracle of Moon Crescent* (1924) : « *You hard-shelled materialists were all balanced on the very edge of belief – of belief in almost anything.* »

[97] Régis Debray, *Le Feu sacré*, Fayard, 2003, p. 161.

[98] Régis Debray, *Critique de la raison politique*, Gallimard, 1981.

[99] Mircea Eliade, *Le Sacré et le Profane*, Gallimard, 1965.

[100] Éric Sadin, *La Vie algorithmique : Critique de la raison numérique*, *op. cit.*, p. 260.

[101] Michel Maffesoli, *Les Nouveaux bien-pensants*, Les Éditions du Moment, 2014, p. 144.

[102] Charles Baudelaire, « L'albatros », *Les Fleurs du Mal*, Garnier-Flammarion, 1964, p. 38.

[103] Friedrich Nietzsche, Fragment posthume 9 [107], *La Naissance de la tragédie,* in *Œuvres philosophiques complètes*, tome I, volume 1, Gallimard, 1977, p. 394-395.

[104] Alexandre Jollien, *Le Métier d'homme,* Le Seuil, collection « Points », 2013, p. 32

[105] Jean-Jacques Rousseau, *Émile ou De l'éducation*, *op.cit.*, livre I, p. 39.

[106] Le seul ouvrage de Max Stirner, *Der Einzige und sein Eigentum*, fut publié en 1844, tr. fr. *L'Unique et sa propriété*, Lausanne, L'Âge d'Homme, 1972.

[107] Jean Cocteau, *La Difficulté d'être*, Le Livre de Poche, 1993.

[108] Philippe Granarolo, *En chemin avec Nietzsche,* L'Harmattan, 2018.

INDEX

Composition et mise en pages
Nord Compo à Villeneuve-d'Ascq

Achevé d'imprimer en décembre 2024
sur les presses de la Nouvelle Imprimerie Laballery
58500 Clamecy
Dépôt légal : décembre 2024
Numéro d'impression : 411501

Imprimé en France

La Nouvelle Imprimerie Laballery est titulaire de la marque Imprim'Vert®